Kamila Czerniszewska

# Ochrona wizerunku osoby fizycznej

Kamila Czerniszewska

# Ochrona wizerunku osoby fizycznej

## Studia z prawa cywilnego i prawa autorskiego

Wydawnictwo Bezkresy Wiedzy

**Impressum / Imprint**
Bibliografische Information der Deutschen Nationalbibliothek: Die Deutsche Nationalbibliothek verzeichnet diese Publikation in der Deutschen Nationalbibliografie; detaillierte bibliografische Daten sind im Internet über http://dnb.d-nb.de abrufbar.


Informacja bibliograficzna Niemieckiej Biblioteki Narodowej: Niemiecka Biblioteka Narodowa rejestruje tę publikację w Niemieckiej Bibliografii Narodowej; szczegółowe informacje bibliograficzne dostępne są w Internecie na stronie http://dnb.d-nb.de.


Coverbild / Okładka: www.ingimage.com

Verlag / Wydawnictwo:
Wydawnictwo Bezkresy Wiedzy
ist ein Imprint der / jest znakiem handlowym
OmniScriptum GmbH & Co. KG
Bahnhofstraße 28, 66111 Saarbrücken, Deutschland / Niemcy
Email: info@bezkresywiedzy.com

Herstellung: siehe letzte Seite /
Druk: patrz ostatnia strona
**ISBN: 978-3-639-89090-7**

## Spis treści

## WSTĘP

Nieustający rozwój technologii cyfrowych, towarzysząca temu masowość urządzeń rejestrujących obraz i dźwięk oraz praktycznie niczym nieograniczona możliwość rozpowszechniania zapisanych fotografii, filmów czy innych nagrań za pośrednictwem Internetu sprawiły, iż w dzisiejszych czasach wizerunek stał się dobrem szczególnie narażonym. Skutkiem powyższego stanu rzeczy było wprowadzenie do polskiego systemu prawnego szeregu regulacji mających na celu unormowanie tego zjawiska i stworzenie w założeniu skutecznej ochrony. Jak można zauważyć problematyka ochrony wizerunku może być rozpatrywana w wielu aspektach i na różnych płaszczyznach prawnych. Wypada jedynie zasygnalizować, iż szeroko pojmowaną kwestię naruszenia prawa do wizerunku można oceniać przez pryzmat prawa karnego, chociażby w kontekście świeżo wprowadzonego do kodeksu karnego art. 191 a, który czyni karalnym rozpowszechnianie wizerunku osoby nagiej lub w trakcie czynności seksualnej. Na gruncie prawa administracyjnego z kolei w tę tematykę wpisuje się przykładowo ustawa o ochronie danych osobowych, gdzie wizerunek można postrzegać, jako swego rodzaj informację pozwalającą zidentyfikować osobę fizyczną. Nie sposób pominąć również rozwiązań przyjętych w prawie cywilnym, a więc zawartych zarówno w przepisach kodeksu cywilnego odnoszących się do ochrony dóbr osobistych, jak i znajdujących się w ustawie o prawie autorskim, które wprost rozstrzygają zagadnienia związane z rozpowszechnianiem wizerunku i jego ochroną.

Przy ograniczonych ramach pracy magisterskiej mnogość regulacji nie pozwala na omówienie wszystkich zagadnień związanych z problematyką ochrony wizerunku. Zakres rozważań zostanie zawężony, zatem do przedstawienia wybranego przeze mnie zagadnienia jedynie na gruncie prawa cywilnego oraz ustawy o prawie autorskim. Interesujące wydaje się pytanie czy podmiot oraz przedmiot prawa do wizerunku w obu tych regulacjach jest ukształtowany podobnie czy też odmiennie. Po drugie, różnorodne podejście, co do samej istoty prawa do wizerunku. Z jednej strony prawo do wizerunku należy do praw osobistych człowieka, jest jego dobrem niezbywalnym, zaś z drugiej strony zawiera ono w sobie uprawnienia majątkowe, które pełnią doniosłą rolę w obrocie medialnym.

Abstrahując od powyższego należy zaznaczyć, że zagadnienie wizerunku wywołuje wiele wątpliwości związanych zarówno z samym przedmiotem wizerunku jak i jego ochroną, w konsekwencji, czego proces wykładni norm obowiązujących w tym zakresie jest niejednokrotnie dużym wyzwaniem dla praktyków.

Rozdział pierwszy definiuje, pojęcie wizerunku na gruncie prawa autorskiego oraz na gruncie prawa cywilnego oraz omawia jego cechy charakterystyczne. W tym zakresie niezbędne będzie wskazanie nieodłącznych atrybutów wiążących się z wizerunkiem jak np. element rozpoznawalności. W dalszej kolejności wyróżniona zostanie maska artystyczna, jako pochodna wizerunku. Poczyniona zostanie także próba wskazania cech pozwalających na odróżnienie sytuacji, w których przedmiotem ochrony powinien być wizerunek, jako dobro osobiste i jako element artystyczny.

Rozdział drugi wyjaśnia, kto może być podmiotem prawa do wizerunku czy jest nim tylko osoba fizyczna czy może nim być także inny podmiot prawa. Rozdział ten obejmuje również analizę charakteru prawa do wizerunku, a także treść prawa do wizerunku.

Rozdział trzeci poświęcony jest tematyce prawa do rozpowszechniania. Po omówieniu jego treści i zakresu, prawo do rozpowszechniania poddane jest analizie zarówno przez pryzmat art. 23 k.c., jak i w kontekście art. 81 pr. aut. W tej mierze rozważania koncentrują się również wokół tego czy charakter oraz zakres rozpowszechniania w obu aktach normatywnych jest identyczny, a jeśli nie to, jakie występują różnice. W dalszej kolejności uwaga poświęcona jest jednemu z kluczowych elementów towarzyszących prawu do rozpowszechniania, tj. zgody uprawnionego, a w szczególności temu czy wyłącza ona całkowicie bezprawność naruszenia. W polu zainteresowania znajdują się ponadto przypadki, w których prawo do wizerunku jest ograniczone, a więc w sytuacji, gdy wizerunek stanowi szczegół całości oraz gdy rozpowszechnianiu ulega wizerunek osoby powszechnie znanej. Przy wykładni tych pojęć przedstawiane są okoliczności przemawiające za zakwalifikowaniem określonej osoby do omawianego kręgu w konkretnych sytuacjach.

Rozdział czwarty z kolei traktuje o ochronie wizerunku na gruncie kodeksu cywilnego oraz prawa autorskiego oraz o przysługujących uprawnionemu ochronnych roszczeń. Szczególna uwaga poświęcona jest tutaj kwestii bezprawności naruszenia.

Twierdzenia dotyczące omawianych zagadnień oparte są na tezach doktryny oraz orzeczeniach sądowych.

## Rozdział I

## 1.1 Pojęcie wizerunku oraz jego historyczne kształtowanie się w doktrynie

W problematyce ochrony wizerunku osoby fizycznej niewątpliwie punktem wyjścia powinno być wyjaśnienie zakresu znaczeniowego samego terminu wizerunek. Jest to tym bardziej pożądane, iż polski ustawodawca na płaszczyźnie wszystkich dotychczasowych, jak i aktualnie obowiązujących aktów normatywnych poświęconych tematyce czy to ochrony dóbr osobistych czy prawa autorskiego nie zdefiniował tego pojęcia.

Według definicji słownikowej wyraz „wizerunek" wywodzi się od niemieckiego *Viserung* i określa podobiznę osoby, wyobrażenie czegoś, portret, obraz. Oznacza to, bowiem, iż jest to „sposób, w jaki dana osoba jest widziana czy też przedstawiana"[1]. W świetle tak powszechnie rozumianej definicji wypada stwierdzić, iż na gruncie doktryny trudno doszukać się jednolitego obrazu znaczeniowego interesującego nas terminu. Zawarte w piśmiennictwie określenia wizerunku jakkolwiek posiadają elementy wspólne, to mimo wszystko nie są jednolite.

Jedną z pierwszych doktrynalnych definicji wizerunku stworzył S. Ritterman, na gruncie terminu wizerunek zawartego w art. 19 ustawy o prawie autorskim z 1926 roku. Autor przyjął, że przedmiotem ochrony jest wizerunek określonej osoby zarówno głowy jak i całej postaci, indywidualizujący tę osobę, jako jednostkę fizyczną.[2] Jego zdaniem termin wizerunek można przypisać wyłącznie osobie fizycznej.

W późniejszym okresie można się spotkać z odejściem przez niektórych przedstawicieli doktryny od terminu „wizerunek" na rzecz pojęcia „obraz fizyczny" wywodzącego się z niemieckiego *Erscheinungsbild* i oznaczającego „wygląd człowieka, sumę jego cech charakterystycznych, dzięki którym jest on rozpoznawalny przez innych".[3] Jak wskazuje S. Grzybowski jest to bardziej adekwatna nazwa dobra oso-

[1] S. Dubisz, Uniwersalny słownik języka polskiego, t. 4, Warszawa 2003, s. 457
[2] J. Balcarczyk, Prawo do wizerunku i jego komercjalizacja, Warszawa 2009, s. 21
[3] A. Matlak, Cywilnoprawna ochrona wizerunku, Kwartalnik Prawa Prywatnego 2004/2/317, System Informacji Prawnej LEX, s. 321

bistego, które może ulec naruszeniu poprzez rozpowszechnianie wizerunku pewnej osoby bez jej zezwolenia.[4] „Obraz fizyczny" został zdefiniowany, jako nie tylko rysy twarzy, lecz wszystkie cechy, które indywidualizują pewną osobę fizyczną, pozwalają ją rozpoznać np. charakterystyczna budowa ciała.[5] Natomiast wizerunkowi autor ten nadał znaczenie podobizny tego dobra osobistego (obrazu fizycznego). Autor podkreślał, że terminem wizerunek można określać zarówno obraz fizyczny ukazujący całą postać jak i poszczególne jej elementy.

Do tego poglądu krytycznie odniósł się K. Stefaniuk, który słusznie uznał, że skoro termin wizerunek jest zamieszczony w kodeksie cywilnym to nie ma powodu z tej nazwy rezygnować i nadawać jej zróżnicowanego znaczenia. Co więcej, wyjaśnił on znaczenie użytego przez ustawodawcę w art. 24 pr. aut.z 1952 r. sformułowania „portret", który w jego mniemaniu jest „materialnym ucieleśnieniem wizerunku, a więc jest jego podobizną".[6] Portretem w rozumieniu przywołanego przepisu będzie również np. zdjęcie na taśmie filmowej, fotografia a także rzeźba przedstawiająca jakąś osobę. Jego zdaniem ucieleśnienie wizerunku w portrecie następuje przez określoną działalność człowieka. Niematerialny rezultat tej działalności może być przedmiotem prawa autorskiego. W takim wypadku portret jest jednocześnie podobizną dobra osobistego i dzieła plastycznego w związku, z czym działania mające za przedmiot portret mogą naruszać zarówno prawo do wizerunku jak i prawo autorskie przysługującemu autorowi portretu".[7]

T. Grzeszak z kolei zakwestionowała to, iż portret jest nośnikiem materialnym, w którym został utrwalony wizerunek. Autorka wywodzi, iż nie każdy wizerunek jest portretem, podobnie nie każdy portret przedstawia wizerunek rzeczywistej osoby. T. Grzeszak wyróżnia dwie odrębne kategorie:

- Portretu rozumianego, jako utwór o tematyce portretowej
- Materialny egzemplarz, w którym wizerunek jest utrwalony i który stanowi przedmiot prawa własności.[8]

Ustawodawca w ustawie o prawie autorskim z 1994 roku odszedł jednak od terminu „portret" na rzecz pojęcia „wizerunek".

---

[4] S. Grzybowski, Ochrona dóbr osobistych, Warszawa 1957, s. 95
[5] Ibidem, s. 96
[6] K. Stefaniuk, Naruszenie prawa do wizerunku przez rozpowszechnianie podobizny, PiP 1970, z.1, s. 64
[7] Ibidem, s. 64-65
[8] J. Balcarczyk, Prawo..., op. cit., s. 23

Wspomniane wyżej spory doktrynalne nie doprowadziły do utworzenia jednej powszechnie uznawanej definicji wizerunku. Należy również odnotować zaproponowane przez E. Wojnicką pojęcie zgodnie, z którym „wizerunkiem są dostrzegalne, fizyczne cechy człowieka, tworzące jego wygląd i pozwalające na identyfikację osoby wśród ludzi”.[9] Wizerunek tutaj został zrównany z wyglądem osoby fizycznej, rozumianym w sposób powszechnie przyjęty.

Kolejni przedstawiciele doktryny, tj. J. Barta i R. Markiewicz nadali terminowi „wizerunek” znaczenie „wytworu niematerialnego, który za pomocą środków plastycznych przedstawia rozpoznawalną podobiznę danej osoby (danych osób)”[10]. Ich zdaniem pojęcie wizerunku powinno być ujmowane szeroko. Na wizerunek składa się, bowiem ogół zewnętrznych cech, które charakteryzują konkretną osobę. Wymienić tutaj można takie elementy jak kształt, kolor oczu, ale również i takie cechy jak okulary, fryzura, ubiór, rekwizyty o tyle, o ile w oderwaniu lub w łączności z innymi cechami są one dla tej osoby charakterystyczne. Na wizerunek osoby składa się także głos a niekiedy również używanie charakterystycznych powiedzonek, szczególny sposób poruszania się, zachowania, gest, wystarczy tu wspomnieć chociażby Charliego Chaplina.[11]

Zwolenniczką szerokiego ujmowania wizerunku wysuniętego przez J. Bartę oraz R. Markiewicza jest J. Sieńczyło-Chlabicz, według której wizerunek obejmuje wszystkie elementy identyfikujące daną jednostkę, jako konkretną osobę fizyczną. Przykładem będzie tu tatuaż danej osoby, wyróżniający sposób mówienia oraz poruszania się. J. Sieńczyło-Chlabicz kładzie nacisk na przesłankę identyfikacji umożliwiającej osobom trzecim rozpoznawanie sportretowanego: „rozpoznawalność osoby stanowi podstawowy warunek przyznania w danym zakresie ochrony jak również podstawowe kryterium badania czy doszło do naruszenia wizerunku. Najistotniejsze jest wrażenie, jakie na odbiorcy wywiera dana fotografia a mianowicie wykazanie, że odbiorca widzi wizerunek konkretnej osoby”.[12]

Najszersze ujęcie wizerunku przyjęła T. Grzeszak. Według autorki wizerunkiem jest „skonkretyzowane ustalenie obrazu fizycznego człowieka, zdatne do zwielo-

---

[9] E. Wojnicka, Prawo do wizerunku w ustawodawstwie polskim, ZNUJ PWiOWI 1990, z.56, s.107

[10] J. Barta, R. Markiewicz, Ochrona wizerunku, adresata korespondencji i tajemnicy źródeł informacji (w:) J.Barta i in., Prawo autorskie i prawa pokrewne. Komentarz, Kraków, s.628

[11] J. Barta, R. Makarewicz, Media a dobra osobiste, Warszawa 2009, s.98

[12] J. Sieńczyło-Chlabicz, Rozpowszechnianie wizerunku osób powszechnie znanych, PPH 2003 nr 9

krotniania i do rozpowszechniania".[13] Wymienieni przedstawiciele doktryny odwołują się do terminu „obraz fizyczny", który oznacza wygląd człowieka, czyli atrybut jego tożsamości. Jednak T. Grzeszak przyjmuje, że to właśnie obraz fizyczny jest dobrem osobistym, które może zostać naruszone. Natomiast przedmiotem naruszenia jest zawsze konkretny wizerunek a pośrednio obraz fizyczny.[14] To rozróżnienie sprowadza się do określenia istoty wizerunku oraz prawa do wizerunku, a także do rozstrzygnięcia czy art.23 k.c. oraz art. 81 pr. aut. Regulują dobra o takiej samej treści, o czym szerzej będzie mowa w rozdziale III.

Interesujący pogląd w zakresie ujęcia wizerunku stworzyli T. Grzeszak oraz A. Matlak. Oboje odwołują się do scharakteryzowanego wcześniej terminu „obraz fizyczny", Zarówno T. Grzeszak jak i A. Matlak wskazują dodatkowy wymóg związany z ustaleniem obrazu fizycznego. A. Matlak przez ustalanie wizerunku rozumie „możliwość publicznego postrzegania wyglądu człowieka w danej chwili przez inne osoby poza nim samym"[15] natomiast T. Grzeszak rozumie ustalenie wizerunku, jako „ustalenie wizerunku w postaci zdatnej do eksploatacji" w wyniku, którego wizerunek staje się nośnikiem niematerialnym obrazu fizycznego.[16] Przez ustalenie należy rozumieć nadanie wytworowi niematerialnemu takiej postaci, by mogła się z nim zapoznać przynajmniej jedna osoba poza twórcą. Cechy fizycznego człowieka są zmienne, natomiast raz ustalony wizerunek zostaje niezmienny. W tym kontekście wizerunek jest obrazem fizycznym człowieka w danej chwili. Ustalenie wizerunku jest czynnikiem umożliwiającym rozpoznanie konkretnej osoby.[17] Gwoli uzupełnienia należy jeszcze stwierdzić, iż wizerunek będący ustaleniem obrazu fizycznego musi być zdatny do zwielokrotnienia i do rozpowszechnienia.

Mając na uwadze wszystkie przytoczone definicje wizerunku skłaniam się do poglądu J. Sieńczyło-Chlabicz, która twierdzi, iż wizerunek najczęściej jest kojarzony z cechami zewnętrznymi danej osoby a zwłaszcza z jej twarzą oraz do poglądu J. Barty i R. Markiewicza, którzy uważają, że wizerunkiem są objęte nie tylko naturalne cechy człowieka, ale także ubiór, charakterystyczny makijaż czy rekwizyty.

---

[13] T. Grzeszak, Reklama a ochrona dóbr osobistych PPH 2000, nr 2, s.10

[14] T. Grzeszak, Prawo do wizerunku...(w:) System..., red. J.Barta, Warszawa, s.539

[15] Ibidem, s.320

[16] T. Grzeszak, Reklama..., op. cit., s.49

[17] T. Grzeszak Prawo do wizerunku i prawo adresata korespondencji, red. J. Barta, System Prawa Prywatnego, tom 13, Warszawa 2007, s. 542-543

Przychylam się do stwierdzenia, iż na wizerunek może składać się specyficzny sposób poruszania się i zachowania oraz charakterystyczny dla danej osoby zwrot, jaki ona zwykła używać.

Dokonując syntezy zaprezentowanych wyżej definicji można pokusić się o wyodrębnienie specyfiki terminu wizerunek. W moim przekonaniu będzie to, zatem zespół charakterystycznych cech zewnętrznych określonej osoby fizycznej ujętych w danej chwili, na który składają się:

- Obraz fizyczny
- Rozpoznawalność
- Wszelkie inne elementy umożliwiające identyfikację określonej osoby

**Rozdział I**

**1.2 Rozpoznawalność osoby fizycznej**

Jak zasygnalizowano wyżej, jednym z nieodłącznych atrybutów wiążących z wizerunkiem jest element rozpoznawalności. Przymiot ten oznacza możliwość identyfikacji osoby fizycznej, w rezultacie czego od jego wystąpienia będzie zależeć to czy doszło do naruszenia prawa do wizerunku oraz to czy uzasadnionym jest udzielenie ochrony prawnej.

Na problemie rozpoznawalności w kontekście ochrony prawa do wizerunku skoncentrował się Sąd Najwyższy w uzasadnieniu do wyroku z dnia 27 lutego 2003 r.[18] Źródłem sporu w przywołanej sprawie było opublikowanie w gazecie zdjęcia powoda w kontekście publikacji o powtarzających się napadach rabunkowych. Co prawda, osoba powoda została sfotografowana z tyłu, nie mniej z uwagi na charakterystyczną sylwetkę, kurtkę oraz buty doszło do jego rozpoznania przez członków rodziny, współpracowników i sąsiadów. Na kanwie tych okoliczności Sąd Najwyższy zwrócił uwagę na dwa aspekty rozpoznawalności – po pierwsze krąg osób, które są w stanie rozpoznać powoda, w szczególności czy obejmuje on również osoby bliskie i znajome, czy wyłącznie chodzi o osoby postronne, a po wtóre, czy sam sposób przedstawienia osoby, pomimo ogólnej jej nierozpoznawalności *prima facie*,

[18] Wyrok Sądu Najwyższego z dnia 27 lutego 2003 r., sygn. akt. IV CKN 1819/00, OSP 2004, Nr 6, poz. 75, s. 320

uzasadnia możliwość jej identyfikacji, prowadząc tym samym do udzielenia ochrony.

Jeśli idzie o pierwszy aspekt, to Sąd Najwyższy stwierdził, iż rozpoznawalność musi mieć charakter uniwersalny i nie może ograniczać się do wąskiego kręgu osób najbliższych i znajomych osoby rozpoznanej. Powyższy pogląd podziela także T. Grzeszak, wedle, której forma rozpoznawalności wykracza poza osoby najbliższe. Autorka zauważa, że rozpoznanie podobieństwa osoby przedstawionej nie uzasadnia udzielenia ochrony, jeżeli dokonał tego ktoś, kto był wcześniej poinformowany o fakcie przedstawienia albo wiedział wcześniej coś, czego nie wiedzą osoby postronne a co umożliwia identyfikację[19]. Zwolennikiem prezentowanego stanowiska jest również J. Błeszyński[20]. Zgoła odmienne zapatrywanie wyraziła J. Sieńczyło-Chlabicz, która posiłkując się niemiecką judykaturą opowiedziała się za hipotetyczną rozpoznawalnością, jako już pozwalającą udzielić ochrony osobie uprawnionej. W jej ocenie wystarczającym jest, aby konkretna osoba mogła być rozpoznana jedynie przez krąg swoich przyjaciół[21]. Taki punkt widzenia w mojej ocenie wydaje się bardziej przekonywujący. Jakkolwiek zawsze o wyniku sporu decydują realia konkretnej sprawy, nie mniej należy mieć na uwadze, że najczęściej do rozpoznania dochodzi przez osoby bliskie i znajome i to na niwie relacji z tymi osobami spodziewać się wypada szykan czy dolegliwości dla osoby rozpoznanej.

Odnosząc się z kolei do drugiego z aspektów rozpoznawalności Sąd Najwyższy uznał, iż źródłem rozpoznania może być już sam sposób fotograficznego ujęcia, który pozwala na identyfikacje konkretnej osoby. Na tym polu panuje zresztą zgodność w piśmiennictwie, gdzie podkreśla się, że o wizerunku można już mówić, gdy przedstawiona osoba jest rozpoznawalna dla osób trzecich, bez względu na to czy wizerunek zawiera wyraźne, czy nie do końca ostre utrwalenie[22]. Jak zauważa J. Sieńczyło-Chlabicz najważniejsze jest to, jak dana fotografia jest odbierana przez osobę, która ją ogląda i czy widzi konkretną osobę. Autorka wskazuje, że prawo autorskie nie wyznacza stopnia rozpoznawalnych cech, ani nie podaje grupy poma-

---

[19] T. Grzeszak, Prawo do wizerunku..., op. cit., s. 542

[20] J. Błeszyński, Glosa do wyroku SN z dnia 27 lutego 2003 r., IV CKN 1819/00, OSP z 2004, z. 6. poz. 75, s. 321

[21] J. Sieńczyło-Chlabicz, Przedmiot, podmiot i charakter prawa do wizerunku, PUG 2003, Nr 8, s. 20

[22] T. Grzeszak, Glosa do wyroku Sądu Apelacyjnego w Łodzi z dnia 28 sierpnia 1996 r., I ACr 341/96, Mon. Praw. Z 1997 r., Nr 8, poz. 318.

gającej w identyfikacji osoby przedstawionej na zdjęciu. Uważa, że najważniejszą rolę odgrywa twarz, ale istotna jest każda cecha a osoba może być zidentyfikowana przez taki szczegół jak chociażby sposób poruszania się.[23] To szerokie ujęcie „rozpoznawalności" podziela J. Sadomski, który uważa, że identyfikacja osoby może nastąpić bezpośrednio lub poprzez dołączone wskazówki, kontekst sytuacyjny czy podpis pod zdjęciem.[24] W podobnym tonie wypowiadają się ponadto J. Barta oraz R. Markiewicz, którzy wskazują, że „rozpoznawalność" nie musi być utożsamiana z podaniem danych identyfikujących określonej osoby np. jej imienia i nazwiska, natomiast wystarczającym jest powiązanie człowieka przedstawionego na nośniku z konkretną osobą, sytuacją.[25] Stanowisko to należy uznać za przekonywujące.

**Rozdział I**

## 1.3 Wizerunek a maska artystyczna

Pewnego rodzaju pochodną wizerunku jest maska artystyczna. Pojawienie się tego pojęcia wynikało z potrzeby wyróżnienia dobra, jakie powstało w wyniku działalności artystycznej aktorów w sytuacji, gdy polskie ustawodawstwo nie przewidywało jeszcze konstrukcji autorskich praw majątkowych dla artystów wykonawców[26]. W efekcie tego doszło do powstania w piśmiennictwie wielu prób zdefiniowania tego terminu.

W literaturze najwcześniej pojawiła się definicja S. Rittermana, który uznał, że „maska artystyczna" oznacza wizerunek „sztucznie stworzony przez artystę dla oddania cudzej, a nie własnej postaci" Według niego maska artystyczna nie może być przedmiotem ochrony w postaci wizerunku w związku, z czym uzasadnione jest wyróżnienie dwóch przeciwstawnych dóbr, tj. wizerunku albo maski artystycznej. W ocenie tego autora rozpowszechniany mógł być, zatem alternatywnie albo wizerunek, albo maska artystyczna[27].

[23] J. Sieńczyło-Chlabicz, Przedmiot..., op. cit., s. 20
[24] J. Sadomski, Konflikt zasad – ochrona dóbr osobistych a wolność prasy, Warszawa 2008, s. 178
[25] J. Barta, R. Makarewicz, A. Matlak, Prawo mediów, Warszawa 2008, s. 474
[26] T. Grzeszak, Prawo do wizerunku..., op. cit., s. 542
[27] Ibidem, s. 119

W odmiennym nieco tonie wypowiedział się K. Stefaniuk, który zaznaczył, że nie zawsze będzie możliwe rozróżnienie wizerunku a maski artystycznej, co wynika z tego, że nie istnieje jednolite kryterium pozwalające oddzielić te dwa terminy. W jego ocenie najbardziej znacząca powinna być ocena sędziego, który powinien zbadać w każdym przypadku czy na danej fotografii widoczne są cechy indywidualizujące osoby fizycznej odtwarzającej postać.[28]

Powyższe rozważania były następstwem tego, że aktorzy niejednokrotnie tracili władzę nad swoimi wizerunkami utrwalonymi w filmach i zapisach wideo spektakli teatralnych. Szczególnym echem w tej materii odbił się głośny proces Danuśki z „Krzyżaków", w którym Sąd Najwyższy udzielił ochrony prawa do wizerunku aktorki, która protestowała przeciwko sprzedaży pocztówek z Danuśką. W orzeczeniu tym przyjęto, iż jakkolwiek producent miał wprawdzie prawo do filmu, ale nie do rozpowszechniania jej wizerunku, jako bohaterki filmu, na kartkach pocztowych, dlatego nie mógł dysponować jej dobrem. Na kanwie opisanego powyżej po krótce stanu faktycznego Sąd Najwyższy odniósł się do dwóch dość ważnych kwestii. Po pierwsze, stwierdził, że przedmiotem ochrony z art. 55 pr. aut. z 1925 r. jest portret, czyli wizerunek osoby a niestworzona przez nią maska artystyczna a co za tym idzie oddzielił oba te pojęcia. Po drugie, orzekł, że zgoda aktora na rozpowszechnienie jego wizerunku może dotyczyć wyłącznie konkretnego sposobu wykorzystania wizerunku, co jednocześnie nie oznacza zgody na posłużenie się tym wizerunkiem w innym celu. [29]

Biorąc pod uwagę niniejszy wyrok J. Barta i R. Markiewicz stwierdzili, iż „zgoda na rozpowszechnienie maski artystycznej przez producenta filmu (spektaklu, widowiska), może wynikać z punktu widzenia ochrony wizerunku w sposób dorozumiany z umowy zawartej przez niego z artystą wykonawcą. Ponadto zwrócili uwagę, że w masce artystycznej dopatrywać się można przedmiotu prawa autorskiego i odpowiedniej w tym zakresie ochrony. Sama maska artystyczna jest według przywołanych autorów także „wizerunkiem", ale służącym do prezentowania innej postaci, jeżeli daje możliwość odbiorcom na identyfikację osoby wcielającej się w postać".[30]

---

[28] K. Stefaniuk, Naruszenie prawa..., op. cit., s. 64

[29] Por. wyroku Sądu Najwyższego z dnia 19 maja 1967 r., sygn. akt. I CR 624/66, OSNC 1968, nr 8-9

[30] J. Barta, R. Markiewicz, Prawo autorskie i prawa pokrewne, Kraków 2005, s. 628

T. Grzeszak wskazuje natomiast, iż potrzeba wyróżniania „maski artystycznej jest dyskusyjna, ponieważ artyści wykonawcy są podmiotami praw bezwzględnych majątkowych i osobistych do artystycznych wykonań". Według autorki wizerunek, który został utrwalony w przekazie telewizyjnym spektaklu teatralnego czy też utrwalony w filmie staje się integralną częścią artystycznego wykonania. Prawo do artystycznego wykonania pochłania prawo do wizerunku artysty wykonawcy. Jeśli bowiem aktor wyraził zgodę na eksploatację filmu w dowolnej technice, to zgoda taka wyłącza naruszenie prawa do wizerunku i do intymności również w przypadku przeniesienia filmu na inny nośnik, np. kasetę wideo. Autorka zastrzega jednak, że owe „pochłonięcie" nie ma jednak całkowitego charakteru, a tylko wówczas, gdy chodzi o:

1) rejestrację wizualną artystycznego wykonania i

2) wykorzystanie tej rejestracji w ramach normalnej eksploatacji artystycznego wykonania i w ramach dozwolonego użytku[31]. Jej zdaniem każde inne rozpowszechnianie pojedynczych fotosów, czy generalnie zdjęć aktora, na których wygląda tak, jak w granej wcześniej roli, wymaga zgody uprawnionego do wizerunku. Stosuje się tutaj zasady ogólne odnoszące się do wizerunku[32].

Powyższy pogląd kwestionują J. Barta i R. Markiewicz, którzy uważają, że „mamy tu do czynienia w istocie z dwoma dobrami prawnymi poddanymi niezależnej ochronie: z artystycznym wykonaniem i z wizerunkiem (odpowiednio: z prawem pokrewnym do artystycznego wykonania i z prawem do wizerunku). W związku z tym zgoda na wykorzystanie wykonania artystycznego nie jest jednoznaczna ze zgodą na wykorzystanie wizerunku i odwrotnie".[32]

Nie wdając się głębiej w spory doktrynalne, w moim odczuciu należałoby się przychylić do stanowiska T. Grzeszak i wtórującemu jej A. Matlakowi. Autorzy Ci słusznie podnoszą, że skrajna koncepcja przyjęta przez ich oponentów prowadziłaby do absurdalnych sytuacji, czego przykładem byłoby wycofanie zgody aktora na rozpowszechnianie jego wizerunku, w efekcie, czego koniecznym byłoby zakazanie rozpowszechniania filmu. Wpisująca się w to stanowisko koncepcja „pochłonięcia" jest bardziej racjonalna i jak się zdaje w rozsądnym zakresie wychodzi naprzeciw

[31] T. Grzeszak, Prawo do wizerunku..., op. cit., s. 511

[32] Pod. J. Barta, R. Markiewicz, Wokół prawa do wizerunku, s. 15; A. Matlak, Cywilnoprawna ochrona, s. 323

interesom producentom medialnym. Nie zmienia to jednak tego, iż maska artystyczna może być również wizerunkiem artysty, a nie tylko odtwarzanej przez niego postaci[33].

Omawiając pojęcie maski artystycznej z innej perspektywy wypada odnotować, iż wykorzystanie sobowtórów znanych osób może być także potraktowane, jako naruszenie prawa do wizerunku Zgadzam się ze zdaniem J. Barty i R. Markiewicza, iż użycie w reklamie sobowtóra powinno być zabronione, ponieważ może danego konsumenta wprowadzać w błąd. Oczywiste jest to, że nie można nikomu czynić zarzutu, że jest podobny do innej osoby jednakże istotne jest to, w jakim celu podobieństwo zostało wykorzystane i jakie z tego wykorzystania są konsekwencje[34].

Gwoli uzupełnienia dotychczasowych wywodów warto ponadto zaznaczyć, iż w doktrynie wyróżnia się również specyficzny rodzaj maski artystycznej, tj. tzw. dźwiękową maskę artystyczną. J. Barta i R. Markiewicz przyjmują, iż głos podobnie jak wizerunek plastyczny również może zostać również wykreowany, stąd też, jako element wizerunku winien podlegać ochronie[35].

[33] A. Matlak, Cywilnoprawna..., op. cit., s. 321–322.
[34] J. Barta, Media..., op. cit., s. 103
[35] J. Barta i R. Markiewicz, Prawo mediów..., op. cit., s. 474

## Rozdział II

## 2.1 Podmiot prawa do wizerunku

Najogólniej rzecz ujmując podmiotem prawa jest ten, kto może może posiadać uprawnienia (prawa) lub obowiązki, a więc innymi słowy ten, kto ma tzw. „zdolność prawną". W świetle postanowień kodeksu cywilnego należy wyróżnić trzy grupy podmiotów prawa:

- osoby fizyczne (art. 8 § 1 k.c.);
- osoby prawne (art. 33 k.c.) oraz
- jednostki organizacyjne, które choć nie posiadają osobowości prawnej uzyskały na podstawie przepisu prawa zdolność prawną, czyli tzw. „ułomne osoby prawne" (art. $33^1$ § 1 k.c.).

Powyższe rozróżnienie w kontekście omawianej problematyki jest o tyle istotne, gdyż przepisy art. 23 i 24 k.c. nie konkretyzują, kto jest podmiotem prawa do wizerunku. Mając to na uwadze można, więc *prima facie* wywnioskować, iż ustawodawca uznał oznaczenie podmiotu za rzecz oczywistą i pozostającą w zbieżności z ogólnymi normami.[36] Z kolei interpretacja art. 81 ust. 1 zd. 1 pr. aut. uprawnia do postawienia tezy, że podmiotem prawa do wizerunku jest osoba na nim przedstawiona, a więc wnioskując *a contrario* ustawa nie dopuszcza, aby podmiotem prawa do wizerunku mógł być ktoś inny niż przedstawiona na nim osoba. Tego rodzaju stanowisko należałoby podzielić również na gruncie stosowania art. 23 i 24 k.c.

Kierując się przedstawioną wyżej klasyfikacją podmiotów prawa bezspornym jest, iż to przede wszystkim osoba fizyczna będzie podmiotem prawa do wizerunku. Prawo to, analogicznie jak w wypadku zdolności prawnej, jest ściśle związane z bytem osoby fizycznej i powstaje ono z chwilą urodzin a gaśnie z chwilą śmierci.

Przyjmuje się, iż początkiem życia jest moment poczęcia. Uwzględniając tą okoliczność ustawodawca przyznał w niektórych obszarach życia nasciturusowi tzw. warunkową podmiotowość prawną. Z interesującego nas punktu widzenia zasygnalizować wypada treść art. $446^1$ k.c., który stanowi, że „z chwilą urodzenia dziecko

---

[36] J. Barta, R. Markiewicz, Wokół prawa..., op. cit., s. 16

może żądać naprawienia szkód doznanych przed narodzeniem". Przepis ten dotyczy również szkód niemajątkowych, osobistych. Jakkolwiek są to być może jedynie akademickie rozważania, nie mniej teoretycznie rzecz biorąc nie można wykluczyć, że w okresie prenatalnym dziecko może doznać szkód związanych z naruszeniem jego prawa do wizerunku. Co prawda, zdjęcia wykonane w tym okresie mogą nie być na tyle zindywidualizowane by można było dokonać łatwej identyfikacji *nasciturusa*, ale wizerunek może być rozpoznawalny dla lekarza i rodziny.

Nośniejsza i praktyczniejsza z pewnością jest kwestia ochrony wizerunku dziecka. W tej mierze na grucie art. 23 i 24 k.c. i art. 81 pr.aut obowiązują takie same reguły, które dotyczą osób starszych. Przywołane przepisy nie wprowadzają podziału na małoletnich, pełnoletnich mających pełną czy ograniczoną zdolność do czynności prawnych lub jej pozbawionych całkowicie. Należy, więc stwierdzić, że dziecko od chwili narodzin, ma prawo do poszanowania wizerunku, jako swojego dobra osobistego. Pewnego rodzaju potwierdzeniem tego jest ustawa z dnia 13 lipca 2006 r. o dokumentach paszportowych[37], której art. 21 dopuszcza możliwość wydania paszportu tymczasowego dziecku do lat 5, przy czym zaznaczyć trzeba, że w tym wypadku niezbędne jest umieszczenie zdjęcie dziecka w paszporcie. Skłania to do refleksji, że już nawet „zdjęcie kilkudniowego noworodka jest zindywidualizowaną wartością osobistą" uznaną przez ustawodawcę.[38]

Duże znaczenie w zapewnieniu ochrony wizerunku dziecka może odgrywać element rozpoznawalności. Wynika to z faktu, że fizjonomia małych dzieci, zwłaszcza niemowlaków może sprawiać trudności identyfikacyjne. Jaskrawym tego przykładem jest sprawa pielęgniarek z oddziału szpitalnego dla wcześniaków, które wyjęły dzieci urodzone w piątym i szóstym miesiącu ciąży z inkubatorów i wykonywały sobie z nimi zdjęcia. W materiałach prasowych i telewizyjnych podających te wydarzenia, oczy pielęgniarek zostały zasłonięte czarnym paskiem, natomiast podobizny dzieci już nie. Sytuacja ta zrodziła wrażenie, że tak małe dzieci nie mają prawa do wizerunku.[39]

---

[37] Zob. ustawa o dokumentach paszportowych, Dz. U. Nr 143, poz. 1027 z późń. zm.

[38] E. Ferenc-Szydełko, Wizerunek dziecka, jako dobro prawnie chronione. Wybrane zagadnienia, Księga Jubileuszowa prof. dr hab. Tadeusza Smyczyńskiego, Toruń 2008, s.43

[39] Ibidem, s.43

Oczywistym faktem jest to, iż podmiotem prawa do wizerunku jest każda osoba fizyczna. Nie ma znaczenia czy jest ona pełnoletnia czy też nie. Nie zmienia tej sytuacji także fakt, gdy osoba ta jest pozbawiona wolności, czego dowodzi orzeczenie Sądu Apelacyjnego w Warszawie z dnia 26 listopada 2003 r.[40] W przedmiotowej sprawie powód zarzucił, że doszło do naruszenia wizerunku poprzez ukazanie jego twarzy za kratami więziennymi zakładu karnego, w którym on przebywał. Pozwany z kolei zreplikował, że nie mogło dojść do naruszenia dobrego imienia powoda, gdyż w opinii publicznej dobre imię nie kojarzy się z osobą, która niejednokrotnie narusza przyjęte w społeczeństwie normy zachowania. Rozpoznający sprawę sąd zasadnie natomiast stwierdził, że wizerunek podlega ochronie niezależnie od tego czy wskutek bezprawnego posłużenia się nim doszło do naruszenia także innych dóbr osobistych, jak cześć, czy też godność. Zgodzić się trzeba, że, fakt pozbawienia danej osoby wolności nie oznacza pozbawienia jej praw podmiotowych.

Jak zasygnalizowano wyżej zdolność prawna wygasa z chwilą śmierci osoby fizycznej. Pomimo to do pomyślenia jest sytuacja, iż rozpowszechnieniu może ulec wizerunek osoby już zmarłej (np. zdjęcia z miejsca wypadku, pogrzebu). W związku z tym nasuwa się pytanie czy prawo do wizerunku nie przysługuje również osobie zmarłej. Co prawda oczywistym jest, że *post mortem* nie można wyrazić zgody na rozpowszechnianie wizerunku, nie można też dochodzić osobiście ochrony z tego tytułu, lecz wypada zarazem zauważyć, iż z brzmienia art. 83 pr. aut. *in fine* nie można jednoznacznie wywieść, iż przepis ten znajduje zastosowanie wyłącznie do wizerunków sporządzonych za życia. Podobnie rzecz ma się w sytuacjach unormowanych przez art. 81 ust. 2 pr. aut. Kierując się w związku powyższym zasadą *lege non distinguente nec nostrum est distinguere* w moim odczuciu można byłoby postawić ostrożnie tezę, iż na gruncie pr. aut. prawo do wizerunku ma paradoksalnie przez okres 20 lat również zmarły. Kwestią wtórną jest w tym wypadku natomiast to, kto będzie dochodził roszczeń w imieniu zmarłego.

Jeśli idzie o pozostałe grupy podmiotów prawa to w orzecznictwie i doktrynie generalnie panuje zgodność, że nie może być podmiotem prawa do wizerunku osoba prawna. Stanowisko to najlepiej wyraził Sąd Najwyższy w wyroku z dnia 25 maja 1977 r. stwierdzając, że zgodnie z art. 43 k.c. przepisy o ochronie dóbr osobi-

---

[40] Wyrok Sądu Najwyższego z dnia 26 listopada 2003 r. sygn. akt. VI ACa 348/03, niepubl.

stych stosuje się odpowiednio do osób prawnych. Stosowanie art. 23 k.c. powinno odbywać się z wyłączeniem z zakresu ochrony ustanowionej w tym przepisie tych dóbr osobistych, które ze swojej natury nie mogą być brane pod uwagę w przypadku osoby prawnej, jak np. zdrowie czy wizerunek. Nie jest, bowiem wizerunkiem osoby prawnej ani wizerunek miejsca jej siedziby, ani osób wchodzących w skład jej organów czy nawet całego zespołu jej elementów [41]. Identyczne stanowisko należałoby, więc odnieść do jednostek organizacyjnych nieposiadających osobowości prawnej, które prawnie została nadana zdolność prawna.

Konkludując, podmiotem prawa do wizerunku nie może być ani osoba prawna, ani. tzw. „ułoma osoba prawna", a wyłącznie osoba fizyczna. Na gruncie pr.aut. będzie to osoba przedstawiona na zdjęciu lub innym nośniku. W tej mierze ustawodawca przyjął, że prawo do wizerunku przysługuje głównie osobie na nim przedstawionej i to ona może wyrażać zgodę na jego rozpowszechnianie. Wobec niejednoznacznej redakcji przepisów wydaje się przynajmniej godny rozważenia pogląd, iż podmiotem prawa do wizerunku może być zmarły.

**Rozdział II**

## 2.2. Charakter prawa do wizerunku

Wśród wielu klasyfikacji praw podmiotowych najczęściej dostrzega się dychotomiczny podział na prawa osobiste i prawa majątkowe. Nie wdając się w szersze dywagacje wystarczy poprzestać, że istotą praw osobistych jest to, że są one niezbywalne, niedziedziczne, nie podlegają egzekucji i zazwyczaj wygasają z chwilą śmierci. Zgoła odmienną specyfikę posiadają natomiast prawa majątkowe, które są zbywalne, dziedziczne i podlegają egzekucji. W kontekście poczynienionej systematyki zasadnym, zatem staje się określenie charakteru prawa do wizerunku i próba jego przyporządkowania do jednej z wymienionych grup praw podmiotowych.

Zważywszy, że wizerunek zgodnie z art. 23 kc został *expressis verbis* ujęty, jako jeden z przykładów dobra osobistego nie może, więc budzić wątpliwości, iż

---

[41] Wyrok Sądu Najwyższego z dnia 25 maja 1977 r. syng. akt. I CR 159/77, niepubl.

w tym wymiarze normatywnym jest to prawo osobiste. Oznacza to, że osobisty charakter prawa do wizerunku, nie daje podstaw do dochodzenia roszczeń z tytułu bezpodstawnego wzbogacenia czy też żądania zadośćuczynienia z zgodnie z art. 448 k.c., lecz najczęściej uzasadnia wystapienie z roszczeniami odszkodowawczymi na podstawie art. 24 § 2 k.c[42]

Dużo bardziej dyskusyjna jest ocena prawa do wizerunku na gruncie prawa autorskiego. Po pierwsze, jeśli mamy do czynienia z naruszeniem prawa do wizerunku zwykle mamy także do czynienia z naruszeniem innego prawa osobistego tj. czci, prywatności. Art. 81 pr. aut. zabrania rozpowszechniania wizerunku bez zgody osoby uprawnionej, co wiąże się z tym, że naruszenie tego prawa najczęściej polega na naruszeniu interesu majątkowego.[43]

Po drugie, w rozumieniu prawa autorskiego wizerunek można traktować jak utwór lub artystyczne wykonanie. W tym przypadku wizerunek byłby chroniony, jako prawo podmiotowe regulujące interesy osobiste i majątkowe. Można, więc przyjąć, iż art. 81 pr. aut. rozstrzyga kolizję dwóch praw podmiotowych: prawa autorskiego twórcy wizerunku i prawa osoby na nim przedstawionej.[44] Przyrównanie wizerunku do utworu umożliwia stosowanie do niego przepisów o dozwolonym użytku. W ten sposób poszerzamy znacznie katalog sytuacji, w których korzystanie z wizerunku nie wymaga zgody uprawnionego.[45] Po trzecie, zdaniem J. Barty i R. Markiewicza konstruowanie wizerunku, jako prawa podmiotowego majątkowego odpowiada potrzebom praktyki gospodarczej. Wizerunek powinien być traktowany, jako dobro prawne podlegające obrotowi.[46] Konsekwencją tego poglądu byłoby przyjęcie zbywalności i dziedziczności tegoż prawa. Gdyby podzielić takie ujęcie, nie będzie przeszkód, aby prawo do wizerunku można przenieść na inną osobę.

Za prawidłowe uważam stanowisko zgodnie, z którym prawo do wizerunku ma charakter czysto osobisty.

Po pierwsze, wizerunek użyty w art. 23 k.c. i 81 pr.aut. dotyczy tego samego dobra osobistego. Różnica polega na tym, że regulują one prawo do wizerunku

42 M. Czajkowska-Dąbrowska, Glosa do wyroku SA w Warszawie z dnia 13 stycznia 1999 r. I ACa 1089/98 OSP 2000, z. 9, s. 469
43 J. Barta, R. Markiewicz: Wokół..., op. cit., s. 24-25
44 Ibidem, s.25
45 P. Ślęzak, Ochrona prawa do wizerunku. Katowice 2009 s. 52
46 J. Barta, R. Markiewicz, Wokół..., op. cit., s.26

w różnym zakresie. Należy przyjąć, że kodeks cywilny reguluje naruszenie prawa do wizerunku poprzez jego ustalenie (sporządzenie) oraz korzystanie z niego, natomiast prawo autorskie dotyczy korzystania z wizerunku przez rozpowszechnianie.[47]

Po drugie, naruszenie prawa do wizerunku w świetle art. 81 pr. aut. dochodzi przez rozpowszechnianie wizerunku bez zgody osoby na nim przedstawionej. Jeżeli uprawniony dochodzi ochrony na podstawie tego przepisu musi wykazać jedynie fakt rozpowszechniania bez zezwolenia. Natomiast zawinione działanie sprawcy możemy określić jedynie na podstawie art. 24 k. c.[48]

Po trzecie, trzeba oddzielić sferę uprawnień osoby przedstawionej na wizerunku od uprawnień osobistych człowieka, który sporządził wizerunek. Nie należy tych sfer łaczyć, ponieważ czym innym jest, bowiem objęcie ochroną wizerunku określonej osoby, czyli ustalenie jej obrazu fizycznego a czym innym ochrona osoby, która ten wizerunek ustaliła.[49]

Po czwarte, fakt, że wizerunek jest przedmiotem umów w żaden sposób nie koliduje z założeniem, że traktujemy go, jako prawo osobiste. Prawo do wizerunku może stać się przedmiotem umowy i przez to źródłem dochodu. Cały czas jednak dominuje w nim element osobisty gdyż zostało stworzone do ochrony interesu niematerialnego. Zasadniczym elementem umowy dotyczącej wizerunku jest zgoda na jego ustalenie i rozpowszechnianie lub tylko rozpowszechnianie. Jest to umowa dwustronnie zobowiązująca.[50]

Po piąte, w art. 83 pr.aut. w przypadku rozpowszechniania wizerunku bez zgody osoby na nim przedstawionej ustawodawca nakazuje w razie dochodzenia roszczeń odpowiednio stosować art.78 ust.1 pr.aut. ustawodawca odsyła do stosowania przepisu regulującego osobiste prawa autorskie. Gdyby prawo do wizerunku miało charakter majątkowy, musiałoby być chronione tak samo jak majątkowe prawa autorskie (art. 79 pr.aut.). [51]

Reasumując, jestem zdania, że zarówno na gruncie kodeksu cywilnego, jak i pr. aut. prawo do wizerunku zostało tu ukształtowane, jako prawo osobiste. Chroni ono, bowiem chroni interes osobisty uprawnionego, jest skuteczne *erga*

---

[47] P. Ślęzak, Ochrona..., op. cit., s. 53
[48] Ibidem, s.53
[49] Ibidem, s. 54
[50] J. Barta, R. Markiewicz, Wokół..., op. cit. s. 28
[51] P. Ślęzak, Ochrona..., op. cit., s. 55

*omnes* oraz jest niezbywalne i niedziedziczne.[52] W świetle prawa autorskiego teza ta może jednak wzbudzać kontrowersje, ponieważ ustawodawca nie określił w sposób jednoznaczny jednoznacznie charakteru prawa do wizerunku. Nie są w związku powyższym odosobnione teorie o mieszanym czy podwójnym charakterze prawa do wizerunku, a więc, że jest to tak prawo osobiste, jak majątkowe.

## Rozdział II

### 2.3. Treść prawa do wizerunku

Treścią prawa do wizerunku jest ochrona przed ustaleniem wizerunku, który narusza spokój psychiczny człowieka. Historycznie czynność ustalenia wizerunku była obejmowana definicją prawa do prywatności rozumianego, jako autonomia informacyjna przejawiająca się w żądaniu, aby nikt nie ujawniał faktów dotyczących życia prywatnego jednostki czy nie manipulował informacją[53]. Za naruszenie sfery prywatności uznawano wykorzystywanie imienia, tożsamości lub podobizny uprawnionego a także wykorzystywanie sprzętu elektronicznego lub innych systemów do kontrolowania czy szpiegowania ludzi poprzez robienie zdjęć lub kręcenie filmów[54].

Aktualizując zakres rozważań wypada podnieść, że prawo polskie nie chroni przed każdym, jakimkolwiek naruszeniem dóbr osobistych. Ochronę przyznaje dopiero, jeśli dojdzie jednocześnie do naruszenia prawa podmiotowego. Przypomnijmy, iż „prawo podmiotowe może polegać na możności swobodnego oddziaływania na określone dobro prawne, np. na rzecz, możności żądania określonego zachowania od innej osoby albo na możności samodzielnego wpływania na kształt sytuacji prawnej własnej i innych osób bez ich udziału".[55] Odnosząc to do omawianej kwestii trzeba stwierdzić, że z naruszeniem prawa do wizerunku będziemy mówili wtedy, gdy sprawca godzi w stan psychiczny człowieka. Powstaje tutaj pytanie, kiedy ustalenie lub utrwalenie narusza stan psychiczny człowieka? W tym wypadku naruszeniem tego stanu będzie działanie bezprawne, które wkracza w sferę intymności, spokoju psychicznego osoby portretowanej.

---

[52] S. Grzybowski, Ochrona dóbr osobistych..., op. cit., s. 15-19
[53] J. Braciak, Prawo do prywatności, Warszawa 2004, s.41
[54] Ibidem, s.42
[55] Z. Radwański, Prawo cywilne – część ogólna, Warszawa 2004, s.86

Dość często sposobem w jaki może dojść do naruszenia prawa do wizerunku jest jego rozpowszechnianie bez zgody uprawnionego. Aby obalić obowiązujące przy ochronie dóbr osobistych domniemanie bezprawności pozwany zmuszony jest powołać na okoliczności, które wyłączają bezprawność jego zachowania, np. zgoda uprawnionego, przy czym zgody tej ani jej zakresu nie domniemywa się. Pozwany ma obowiązek wykazać, że uzyskał zgodę uprawnionego na rozpowszechnianie jego wizerunku w określonych warunkach[56].

W ramach czynionych rozważań wymaga ponadto ustalenia czy treść prawa do wizerunku na gruncie kodeksu cywilnego obejmuje również jego udostępnienie publiczności. Z brzmienia z art. 23 k.c. należałoby wyprowadzić wniosek, że uprawniony może zakazać upublicznienia swojego wizerunku. Przykładem może być tutaj wyrok Sądu Najwyższego z 27 kwietnia 1977 roku[57], który ocenił fakt reprodukowania na widokówkach wizerunku powoda (znanego sportowca). Sąd przyjął, iż pozwana agencja publikując pocztówkę bez zgody powoda naruszyła jego prawo do rozporządzania swoją fotografią. Działanie takie niewątpliwie winno być uznane za ingerencję w prawo powoda do rozporządzania swoim dobrem osobistym, zważywszy, że przez dobro osobiste należy tutaj rozumieć wizerunek a przez rozporządzanie – dysponowanie, czyli decydowanie o zachowaniu innych osób wobec tego dobra[58].

---

[56] Glosa aprobująca: Kurosz K. Rejent 2002/1/99

[57] Wyrok Sądu Najwyższego z dnia 27 kwietnia 1977 r., sygn. akt I CR 127/77, Prawo autorskie w orzecznictwie, pod red. T. Grzeszak, CD-ROM 1998

[58] T. Grzeszak, Prawo do wizerunku..., op. cit., s. 547-548.

## Rozdział III

### 3.1. Prawo do rozpowszechniania wizerunku na podstawie prawa cywilnego i prawa autorskiego

Zważywszy, że naruszenie prawa do wizerunku jest uzależnione od uprzedniego rozpowszechnienia wizerunku osoby sportretowanej bez jej zezwolenia przeto za wskazane należy uznać przybliżenie problemu „rozpowszechniania" wizerunku. Pomocnym w zrozumieniu tego pojęcia jest zawarta w art. 6 pkt 3 pr. aut. definicja utworu rozpowszechnionego, zgodnie z którą jest to utwór, który za zezwoleniem twórcy został w jakikolwiek sposób udostępniony publicznie. Co prawda, w przywołanej definicji ustawodawca nie wyjaśnił wprost czym jest samo rozpowszechnianie, nie mniej pojęcie utworu rozpowszechnionego zawiera w sobie znamiona „rozpowszechnienia" stąd też i na tej podstawie można pokusić się o pewne konkluzje. I tak stwierdzić wypada, że każdej osobie zapewniona została wyłączność decydowania o publicznym udostępnieniu swego wizerunku. Innymi słowy to osoba uprawniona poprzez swoją decyzję stwarza możliwość zapoznania się z jej wizerunkiem nieokreślonemu kręgowi osób. W kontekście rozpowszechnienia forma udostępnienia nie ma tu znaczenia, może to być zarówno prasa, telewizja czy Internet. Biorąc pod uwagę, iż ustawodawca posłużył się sformułowaniem „publicznie" można przez to wywieść, że nie wpisuje się do pojęcia rozpowszechniania udostępnienie wizerunku dla zamkniętego grona osób, tj. w rodzinie, wśród znajomych. Jak zauważa J. Sieńczyło-Chlabicz dla stworzenia rozpowszechniania wizerunku nie jest konieczne jego zwielokrotnienie, jak również publiczne udostępnienie nośników, na jakich został on utrwalony. Ustawodawca nie używa, bowiem określenia publikacja a jedynie rozpowszechnienie. Wystarczy, zatem, że wizerunek został udostępniony publicznie np. na wystawie, w muzeum, galerii itp.[59]

Jeżeli będziemy chcieli dokonać oceny skutków prawnych sporządzenia wizerunku musimy wziąć pod uwagę przepisy kodeksu cywilnego i przepisy prawa autorskiego.

W polu zainteresowania art.81 pr. aut. pozostaje „rozpowszechnianie" wizerunku w tym zakresie, że ustawodawca nie odnosi się do kwestii dopuszczalności

[59] J. Sieńczyło-Chlabicz, Rozpowszechnianie..., op. cit., s. 95.

sporządzania (utrwalenia) cudzych wizerunków. Takie działanie o ile nie ma oparcia w zgodzie ze strony portretowanego może być oceniane z perspektywy ochrony dóbr osobistych na gruncie art.23 k.c. W praktyce przyjmuje się, że zgoda na rozpowszechnienie zdjęcia zakłada jego zgodę na sporządzenie zaś z zezwolenia na sporządzenie należy wywieść zezwolenie na odpowiednie rozpowszechnianie[60]. Oczywiście mogą istnieć przepisy szczególne ustanawiające wolność rozpowszechniania wizerunku w oznaczonych przepisami sytuacjach bez takiej zgody. Działanie w ramach takiego szczególnego przepisu nie wkracza w treść „prawa wyłącznego" przewidzianego w art.81 pr. aut. a przy okazji stanowi okoliczność wyłączającą bezprawność działania, a w konsekwencji i odpowiedzialność na gruncie art.23-24 k.c. Jakkolwiek art.23 k.c. i art.81 ust. 1 pr. aut. są często porównywalne to mimo to trzeba uznać, że istnieją tu dwie odmienne konstrukcje prawne, ponieważ art.81 pr. aut. nie wyłącza ochrony wynikającej z art.23 k.c.

Zakaz rozpowszechniania wizerunku wyprowadzić można zarówno z art. 23 k.c., jak i z art. 81 pr. aut. Chcąc pozostać w zgodzie z uzasadnieniem dla praw osobistych należałoby przyjąć, że na gruncie art. 23 k.c. nie każde rozpowszechnianie wizerunku stanowi naruszenie prawa osobistego. Ochrona powinna zostać udzielona tylko wtedy, gdy naruszony jest bezprawnie interes osobisty. Wiąże się to z ideą ochrony człowieka. Interesy majątkowe chronione są wówczas obok interesów osobistych i tylko na zasadach odpowiedzialności deliktowej. Będą to interesy naruszające cześć, prywatność portretowanego, prawo do persony, kult pamięci osoby zmarłej itp.[61] Zastanowić się tu możemy nad celowością wyodrębniania osobnego prawa do wizerunku. Najczęściej przyjmuje się, że samo decydowanie o rozpowszechnianiu wizerunku posiada zawsze wartość idealną, a niekiedy ponadto również wartość majątkową. To arbitralne założenie kłóci się z doświadczeniem praktycznym. Usunięciu tej sprzeczności służyć może przewartościowanie koncepcji dóbr osobistych, do których trafiłoby dobro o podwójnej wartości. Wizerunek byłby tylko punktem odniesienia dla omawianego prawa osobistego, a nie dobrem niematerialnym poddanym eksploatacji[62].

---

[60] J. Barta, R. Markiewicz : Rozpowszechnianie...., op. cit., s.106
[61] Ibidem, s. 547
[62] T. Grzeszak, Prawo do wizerunku..., op. cit., s.21

Prawo do rozpowszechniania posiada inny sens wtedy, gdy przyjmie się, że zgodnie z art. 81 pr. aut. każde (poza wyjątkami z ust. 2) rozpowszechnienie wizerunku bez zezwolenia narusza godny ochrony interes zarówno osobisty jak i majątkowy. Ochrona może być uprawnionemu odmówiona tylko na podstawie art. 5 k.c.

Z wypowiedzi przedstawicieli doktryny[63] wynika, że generalnie rozpowszechnianie wizerunku traktowane było i jest, jako naruszające prawo do wizerunku. Nikt z cytowanych autorów nie sformułował jednak poglądu, że prawo do wizerunku tworzy po stronie uprawnionego monopol eksploatacji. J. Błeszyński stwierdza, że „publikując fotografię, lub cudzy portret wkracza się w cudzą sferę dóbr osobistych w prawo do podobizny[64]". Nie wyjaśnia, czy każda kolejna publikacja, każdorazowe poszerzenie pola eksploatacji, narusza to prawo. Tylko w artykule J. Barty i R. Markiewicz jeden z autorów przychylił się do traktowania prawa do wizerunku w art. 81 pr. aut. jako „prawa eksploatacji tego dobra prawnego".[65] Drugi z nich ten pogląd krytykuje, ponieważ nie uwzględnia zasady *numerus clausus* praw na dobrach niematerialnych.

Z zastrzeżeniem art. 81 ust. 1 zd. 2 i art. 81 ust. 2, postanowienie art. 81 ust. 1 zd. 1 ma charakter bezwzględny w tym sensie, że tylko od woli portretowanego zależy dopuszczalność rozpowszechniania portretu. Może on się temu sprzeciwiać bez racjonalnego uzasadnienia zarówno z powodu sposobu, w jaki został przedstawiony na wizerunku, jak i w celu uzyskania wynagrodzenia za udzielenie zgody[66].

Prawo do decydowania o każdym rozpowszechnianiu wizerunku daje nam możliwość chronić zarówno interesy osobiste, jak i interesy majątkowe. Przypomina prawo autorskie, ponieważ pozwala chronić interesy związane z wizerunkiem przed naruszeniem, ale też daje uprawnionemu wyłączną władzę nad zewnętrznym niematerialnym obiektem. Uprawniony może sam rozpowszechniać wizerunek lub może zezwalać na to innym, ale nie może tylko wyzbyć się całkowicie tego uprawnienia. Jednakże regulacja towarzysząca temu prawu, np. roszczenia na wypadek naruszenia, niejasności w kwestii jego dziedziczenia a zarazem brak stosownej regulacji

---

[63] S. Grzybowski, Ochrona dóbr osobistych, s. 95; K. Stefaniuk, Naruszenie prawa do wizerunku, s. 65 i 68; E. Wojnicka, Prawo do wizerunku, s. 107 i 113

[64] J. Błeszyński, Prawo autorskie, Warszawa 1988, s. 154.

[65] J. Barta, R. Markiewicz, Wokół..., op. cit., s. 19.

[66] Barta J., i in. Komentarz do art. 81 ustawy z dnia 4 lutego 1994

typowej dla praw majątkowych (np. dozwolonego użytku, umów) świadczą o traktowaniu go przez ustawodawcę, jako prawa osobistego.[67]

Hipoteza, zgodnie, z którą art. 81 pr. aut. stanowi podstawę tylko dla prawa majątkowego, ponieważ tworzy monopol eksploatacji tego dobra prawnego. Decydowanie o rozpowszechnianiu wizerunku, to *de facto* decydowanie o jego eksploatacji. Jeżeli oderwiemy ocenę faktu naruszenia prawa od oceny naruszonego interesu, to automatycznie prawo to chroni interesy majątkowe. Zakazuje się rozpowszechniania wizerunku, które przynosi ujmę samym interesom majątkowym[68]. Wobec takiego założenia korzystanie z tego prawa ma wartość majątkową, a w razie naruszenia przyznawać należy uprawnionemu roszczenie z tytułu bezpodstawnego wzbogacenia. Interesy osobiste związane z bezprawnym rozpowszechnianiem wizerunku byłyby natomiast chronione na podstawie art. 23–24 k.c.

Ponadto dobro, jakim jest wizerunek pełni w obrocie typowe funkcje dobra niematerialnego, majątkowego, o ile za takie uważa się dobro, które nadaje się do eksploatacji i przynosi korzyści majątkowe. Udzielanie zezwoleń na wykorzystanie wizerunku jest często uzależniane od zapłaty wynagrodzenia, a jego wysokość jest funkcją rodzaju i skali eksploatacji. Umowy takie nie są traktowane, jako sprzeczne z zasadami współżycia społecznego lub z właściwością stosunku prawnego[69].

Z jednej strony można uznać za celowe ustanowienie nowego majątkowego prawa w ramach własności intelektualnej, mamy tu na myśli wyłączne prawo do ekonomicznej eksploatacji oznaczeń identyfikujących daną osobę. Obejmowałoby ono prawo do wizerunku, nazwiska, pseudonimu lub charakterystycznego rekwizytu wskazujących jednoznacznie na daną osobę. Z drugiej strony wychodząc z założenia o dominującym osobistym charakterze prawa do wizerunku można uznać celowość utrzymania wyłącznie osobistego charakteru praw przy jednoczesnym liberalizowaniu ograniczeń, co do zasad zawierania umów dotyczących wykonywania praw osobistych[70].

Na marginesie warto jeszcze odnotować rozwiązanie prawne, jakie zostało przyjęte w art. 33 ustawy z 29 lipca 2005 r. o sporcie kwalifikowanym Dz. U. Nr

---

[67] T. Grzeszak, Prawo do wizerunku..., op. cit., s. 548
[68] Ibidem, s. 548
[69] Ibidem, s.548
[70] J. Barta, R. Markiewicz, Media..., op. cit., s. 123

155, poz. 1298 ze zm. Zgodnie z nim, „związek sportowy uzyskuje prawo do rozpowszechniania w celach gospodarczych wizerunku zawodnika w stroju reprezentacji narodowej”[71]. Należy zwrócić uwagę na wyodrębnienie z prawa do wizerunku uprawnienia o wartości majątkowej i przeniesienie go na inny podmiot, niż osoba portretowana. Taka konstrukcja pasuje raczej do praw majątkowych (np. prawo do utworu pracowniczego – art. 12 pr. aut.), niż osobistych. Przedmiotem tego uprawnienia są tylko niektóre wizerunki sportowców – wyróżnione ze względu na strój zawodnika. Świadczy to o dostrzeżeniu w wizerunku dobra niematerialnego, przedmiotu bezwzględnego prawa do gospodarczego korzystania. Rozwiązanie to podyktowane zostało potrzebą wzmocnienia sytuacji prawnej związku sportowego w relacji z zawodnikami i ze sponsorami[72].

**Rozdział III**

## 3.2.1 Zgoda uprawnionego

Nawiązując do rzymskiej premii *volenti non fit iniuria* wypada stwierdzić, że zgoda uprawnionego wyłącza, co do zasady bezprawność naruszenia dobra osobistego.[73] Koncepcja, iż zgoda uprawnionego uchyla bezprawność naruszenia dobra osobistego znajduje uzasadnienie w konstrukcji prawa podmiotowego, które zakłada swobodę korzystania z niego. Zaznaczenia jednak wymaga, że w doktrynie reprezentowany jest również pogląd, że zgoda nie uchyla bezprawności, lecz wyłącza naruszenie dobra osobistego.[74]

Zgodnie z art. 81 pr. aut. rozpowszechnianie wizerunku wymaga zezwolenia osoby na nim przedstawionej. W braku wyraźnego zastrzeżenia zezwolenie nie jest wymagane, jeśli osoba ta otrzymała umówioną zapłatę za pozowanie. Zezwolenia nie wymaga rozpowszechnianie wizerunku:

---

[71] Zob. ustawa z dnia 29 lipca 2005 r. o sporcie kwalifikowanym (Dz. U. Nr 155, poz. 1298 ze zm.)
[72] T. Grzeszak, Prawo do wizerunku..., op. cit. s. 147
[73] Zob. P. Książek, Komentarz do art. 24 kodeksu cywilnego
[74] Z. Radwański, Prawo cywilne – część ogólna. Warszawa 1997, op. cit., s. 168

- osoby powszechnie znanej, jeżeli wizerunek wykonano w związku z pełnieniem przez nią funkcji publicznych, w szczególności politycznych, społecznych, zawodowych,
- osoby stanowiącej jedynie szczegół całości, takiej jak zgromadzenie, krajobraz, publiczna impreza"[75]

W świetle przepisu art. 81 ust. 1 pr. aut., bezprawność rozpowszechnienia wyłącza „zezwolenie" uprawnionego. W istocie rzeczy, chodzi tu o zgodę uprawnionego, wyłączającą bezprawność zachowania, polegającego na rozpowszechnieniu wizerunku przez inny podmiot. Tym innym podmiotem może być zarówno osoba fizyczna jak i osoba prawna, lub podmiot bez osobowości prawnej.[76]

Większość doktryny przyjmuje, że zgoda uprawnionego jest jednostronnym, odwołalnym działaniem prawnym, nie zaś czynnością prawną. Dla jej skuteczności nie jest potrzebna zdolność do czynności prawnych, wystarczy działanie z dostatecznym rozeznaniem.[77] Na marginesie zaznaczyć należy, że w doktrynie istnieje również pogląd jakoby zgoda była jednostronną czynnością prawną.[78]

W doktrynie prawa cywilnego wskazuje się, że zgoda nie może mieć charakteru ogólnego, lecz powinna dotyczyć określonego dobra osobistego np. rozpowszechniania konkretnego wizerunku. Odnosić się musi wyłącznie do dobra osobistego osoby udzielającej zgody. Uznać, zatem należy, że zgoda jest bezskuteczna, jeżeli naruszenie dobra osoby udzielającej zgody, pociągałoby za sobą naruszenie dobra innej osoby.[79]

Zgoda uprawnionego może być zasadniczo wyrażona w dowolny sposób, a zatem zarówno w sposób wyraźny jak i dorozumiany (*per facta concludentia*). Natomiast ewentualny wymóg zachowania formy pisemnej może wynikać z przepisów szczególnych. W doktrynie brak jest jednak jednolitości poglądów, co do zgody wyrażonej w sposób dorozumiany. Zaznaczyć bowiem należy, że obok poglądów przychylnych szerokiej gamie sposobów wyrażania zgody w sposób dorozumiany,

---

[75] Zob. ustawa o prawie autorskim i prawach pokrewnych, (Dz. U. 2006, nr 90, poz. 631)
[76] M. Safjan, System Prawa Prywatnego, Tom 1, Prawo cywilne część ogólna, CH Beck Warszawa 2007, s.

[77] P. Książek, Komentarz do art. 24 kodeksu cywilnego, System Informacji prawnej LEX
[78] K. Pietrzykowski, Kodeks cywilny, Tom 1, Komentarz do art. 1-449[11] CH Beck, Warszawa, 2008, s. 156
[79] Ibidem, s. 157

pojawiają się wypowiedzi, iż zgoda musi być niewątpliwa a co za tym idzie, nie można jej domniemywać ze sposobu zachowania się powoda.[80]

Na uwagę zasługuje teza wyroku, jaki zapadł przed Sądem Apelacyjnym w Warszawie w 2000 r. Powodowie (małżeństwo emerytów) zarzucili, iż ich wizerunek został bezprawnie rozpowszechniony w celu zilustrowania artykułu o ubezpieczeniach na życie, obok którego zamieszczono logo towarzystw emerytalnych. Powodowie wywodzili, iż z kontekstu publikacji wynikał jej reklamowy charakter, a na takie wykorzystanie swojego wizerunku nie wyrazili oni zgody. Przedmiotem rozważań sądu był, więc zakres zezwolenia, które wprawdzie zostało przez powodów udzielone, jednakże obejmowało jedynie rozpowszechnienie w kontekście artykułu o emerytach. Sąd pierwszej instancji powództwo jednak oddalił, stwierdzając, iż do przekroczenia zgody udzielonej przez powodów w zasadzie nie doszło, gdyż kwestionowany artykuł nie miał charakteru komercyjnego, a sam fakt umieszczenia obok zdjęcia znaków firmowych kilku towarzystw ubezpieczeniowych nie przesądza o potraktowaniu tego zdjęcia, jako ich reklamy, lecz stanowił symboliczny przekaz zawartej w nim treści słownej. Odmienne ustalenia zostały jednak poczynione przez sąd drugiej instancji. Opierając się na tezie zawartej w wyroku Sądu Najwyższego z dnia 14 stycznia 1997 r.,[81] zgodnie z którą reklamą jest rozpowszechnianie wiadomości o usługach i towarach w celu wpływania na kształtowanie się popytu, sąd apelacyjny uznał, iż fotografia powodów - dwojga miłych starszych ludzi - jest w istocie zachętą do przeczytania nazw towarzystw umieszczanych obok zdjęcia oraz do zapoznania się z treścią ich ofert. Jeśli więc istotnym celem reklamy jest zamiar wywołania określonej reakcji potencjalnych klientów, to tym samym kwestionowana publikacja - jej układ graficzny, kompozycja z będącym jej integralną częścią zdjęciem powodów - stanowiąc słowno-graficzną wypowiedź, dotyczyła towaru oferowanego przez towarzystwa ubezpieczeniowe. Była, więc reklamą, a na takie komercyjne wykorzystanie wizerunku powodowie nie udzielili zgody. Powodowie zostali wprawdzie poinformowani, w jakim piśmie ich zdjęcie zostanie opublikowane, ale nie zostali powiadomieni o celu i rzeczywistym charakterze publikacji. Jak uznał sąd: "Istnienia zgody uprawnionego ani jej zakresu nie domniemywa

[80] M. Safjana, System..., op. cit., s. 1157

[81] Wyrok Sądu Najwyższego z dnia 14 stycznia 1997 r., sygn. akt I CKN 52/96 OSNC z 1997, Nr 6-7, poz. 78

się. Pozwany ma obowiązek wykazać, że uzyskał zgodę uprawnionego na rozpowszechnianie jego wizerunku w oznaczonych warunkach. W przedmiotowej sprawie pozwani nie udowodnili, że uzyskali zgodę powodów na użycie ich zdjęcia dla reklamy pakietu ubezpieczeń proponowanych przez oznaczone firmy ubezpieczeniowe. Rzeczywisty sposób wykorzystania zdjęcia jest odmienny od wykorzystania go, jako obiecana ilustracja artykułu o emerytach, o problemach ludzi starszych. Zgoda na samą publikację zdjęcia nie była wystarczająca".[82]

Z kolei Sąd Apelacyjny w Warszawie w wyroku z dnia 12 lutego 1998 r. trafnie przyjął, że "osoba udzielająca zgody musi mieć pełną świadomość nie tylko formy przedstawienia jej wizerunku, ale także miejsca i czasu publikacji, zestawienia z innymi wizerunkami i towarzyszącego komentarza". Zatem zgoda nie może dotyczyć wykorzystania wizerunku "w ogóle". Przyjęcie zapłaty za pozowanie obejmuje z reguły zapłatę za wykorzystanie wizerunku, a co za tym idzie może być interpretowane, jako zgoda na rozpowszechnianie, dlatego konieczny jest tutaj wyraźny sprzeciw uprawnionego. Zastrzeżenie takie zgłosić można skutecznie najpóźniej w chwili ustalania wysokości zapłaty.[83]

Zgoda na rozpowszechnianie wizerunku nie oznacza zarazem zgody na naruszenie innych dóbr osobistych uprawnionego np. czci. Co do zasady można zgodzić się z tezami wyroku Sądu Apelacyjnego w Warszawie z dnia 20 czerwca 2002 r., że przyjęcie umówionej zapłaty za pozowanie przez modelkę oraz domniemanie zezwolenia na rozpowszechnianie wizerunku chroni osobę wykorzystującą portret (wizerunek) tylko wtedy, gdy poszkodowany powołuje się na naruszenie jego prawa do wizerunku. W przypadku powoływania się przez osobę poszkodowaną na naruszenie jej prawa do czci i do prywatności, zapłata za pozowanie nie jest wystarczająca dla wyłączenia bezprawności działania naruszającego dobra osobiste, który musi wykazać dysponowanie odpowiednim zezwoleniem poszkodowanego. Trzeba tylko zastrzec, iż z reguły zgoda na publikację zdjęcia jest równoznaczna ze zgodą na wykorzystanie nazwiska w zakresie potrzebnym do opisu zdjęcia i w jakimś stopniu prawa do prywatności. Czym innym jest natomiast zestawienie zdjęcia z innymi, które tworzą kontekst naruszający cześć itp.[84]

[82] J. Balcarczyk, Prawo..., op. cit., s. 55
[83] P. Książek, Komentarz..., op. cit.
[84] Ibidem

Zgoda na rozpowszechnienie wizerunku nie obejmuje, co do zasady, zgody na modyfikacje, przekształcanie obrazu w sposób wykraczający poza techniczny, drobny retusz. W skrajnych wypadkach usunięcie na zdjęciu pieprzyka na policzku może być już uznane za bezprawne naruszenie wizerunku. [85]

Okoliczność, że rozpowszechnienie wizerunku nastąpiło za zgodą portretowanego, nie zwalnia osób trzecich, które zamierzają dalej rozpowszechniać taki wizerunek, od uzyskania "ponownej" zgody ze strony uprawnionego.[86]. Odmienny pogląd wyraził wprawdzie Sąd Najwyższy w wyroku z dnia 3 września 1998 r. stwierdzając, że „z zastrzeżeniem wyjątków przewidzianych ustawą o prawie autorskim, publikowanie fotografii określonej osoby dopuszczalne jest tylko za jej zgodą. Dalsza publikacja możliwa jest bez takiej zgody, ale tylko pod warunkiem wskazania pierwotnego źródła publikacji i bez wprowadzania zmian w publikowanym zdjęciu, tzn. tylko z powołaniem okoliczności, w jakich zostało ono wykonane i opublikowane po raz pierwszy. Trafność powyższego rozstrzygnięcia została podważona późniejszym orzeczeniem Sądu Najwyższego, w którym uznano, że art. 81 ustawy o prawie autorskim i prawach pokrewnych wymaga do rozpowszechnienia wizerunku zezwolenia osoby na nim przedstawionej. Na kanwie tego orzeczenia wywieść trzeba, że zezwolenie na rozpowszechnienie wizerunku dotyczy konkretnej publikacji. Opublikowanie natomiast wizerunku w innych okolicznościach stanowiłoby w konsekwencji naruszenie prawa wizerunku[87].

Warto ponadto zwrócić uwagę, że braku zgody uprawnionego nie można skutecznie zastąpić wykazaniem, że osoba, której wizerunek rozpowszechniono nie była w stanie wyrazić zgody z powodu swojego stanu fizycznego. Taka sytuacja może przykładowo fotografii osoby nietrzeźwej lub odurzonej narkotykami. Ewentualna legalizacja takiej sytuacji musiałaby znaleźć oparcie w innej przesłance usuwającej znamię bezprawności, w szczególności działanie w imię ważnego interesu społecznego[88]

Podkreślenia wymaga, że z uwagi na trwałość i niezbywalność praw osobistych zgoda powoduje tylko doraźną rezygnację z ochrony danego dobra osobistego,

---

[85] P. Książek, Komentarz..., op. cit.
[86] J. Barta i in. Komentarz do art. 81 ustawy z dnia 4 lutego 1994 r.
[87] Zob. Wyrok Sądu Najwyższego z dnia 3 września 1998 r., sygn. akt I CKN 818/97, OSNC 1999/1/21
[88] J.Barta, R. Markiewicz : Rozpowszechnianie...., op. cit., s.106

ponieważ dotyczy tylko wykonywania prawa i może być zawsze cofnięta.[89] Zgoda nie przybiera, bowiem charakteru rozporządzenia, powodującego trwałe przeniesienie lub wygaśnięcie prawa osobistego.[90] W doktrynie wskazuje się, ze cofnięcie zgody może nastąpić zarówno przed podjęciem działania, na które się zgodzono, jak również w trakcie trwania działań naruszających dobro osobiste, na które udzielono wcześniej zgody.[91] Zezwolenie (czy też zgoda na rozpowszechnienie), ma charakter odwołalny w każdym momencie, aż do chwili, w której odwołanie takiego zezwolenia (zgody) stanie się bezprzedmiotowe, ponieważ interes osobisty został już skonsumowany.[92]

**Rozdział III**

**3.2.2. Wizerunek osoby stanowiącej szczegół całości**

W świetle zapisu art. 81 ust. 2 pkt 1 pr. aut. nie jest wymagane zezwolenie na „rozpowszechnianie wizerunku osoby stanowiącej jedynie szczegół całości takiej jak zgromadzenie, krajobraz, publiczna impreza"[93], ponieważ mamy tu do czynienia z sytuacją gdzie wizerunek staje się częścią sfery ogólnej dostępności. Podstawowa różnica w stosunku do regulacji art. 81 ust. 1 zdanie drugie pr. aut. polega jednak na tym, że nie wyodrębnia się uprawnionego do dalszego rozpowszechnienia, które może być dokonywane swobodnie przez jakąkolwiek osobę trzecią. Swoboda ta dotyczy jedynie samego rozpowszechnienia, ponieważ w przypadku uczynienia z niego użytku przez rozpowszechnianie rodzi się możliwość bezprawnego wkroczenia w dobre imię lub cześć uprawnionego. Wymagane tu jest, aby wizerunek był jedynie elementem określonej całości: filmu, fotografii, obrazu.[94] Wprawdzie katalog sytuacji ujętych w interesującej nas normie jest wyczerpujący, nie mniej nie pozbawia to jednak tego przepisu charakteru otwartego. Skoro termin „zgromadzenie" jest nieokreślony dokładnie tak, więc dopuszczalne jest objęcie nim każdej większej pu-

---

[89] T. Sokołowski, Komentarz do art. 24 kodeksu cywilnego, System Informacji Prawnej LEX, op. cit.
[90] Z Radwański, Prawo..., op. cit., s. 168
[91] K. Pietrzykowski, *Kodeks*..., op. cit., s. 156
[92] J. Barta, *System*..., op. cit., s. 507
[93] Zob. ustawa o prawie autorskim, Dz. U. 2006, nr 90, poz. 631
[94] J. Barta, R. Markiewicz, Ochrona wizerunku... (w:) J. Barta, i In., Prawo autorskie..., op.cit, s. 634

blicznej grupy ludzi. „Publiczna impreza" to impreza dostępna dla otwartego kręgu osób. Natomiast „krajobraz" należy rozumieć, jako pewien wycinek naturalnego otwartego otoczenia. Powołując się na zastrzeżenie, B. Michalskiego należy zasygnalizować, że omawiane uregulowanie odnosi się wyłącznie do miejsc niemających szczególnego charakteru. W konsekwencji niedozwolone jest swobodne rozpowszechnianie wizerunku utrwalonego na terenach lub podczas zdarzeń z różnych względów mających charakter szczególny jak np. zakłady lecznicze lub penitencjarne czy utrwalonego w monografiach sądowych[95].

W wyroku Sąd Apelacyjny w Krakowie z dnia 19 grudnia 2001 r. podkreślił, że w rozpatrywanym wypadku chodzi o przedstawienie miejsca lub wydarzenia, w którym występują wprawdzie rozpoznawalne osoby, ale główna treść przedstawienia koncentruje się na miejscu (np. ulica lub budowla) lub wydarzeniu (np. manifestacja lub impreza sportowa). Dla zastosowania art. 81 ust. 2 pkt. 2 prawa autorskiego rozstrzygające znaczenie ma ustalenie w strukturze przedstawienia relacji między wizerunkiem osoby a pozostałymi elementami jego treści. Jeśli wizerunek osoby stanowi jedynie element akcydentalny przedstawienia, tzn. w razie jego usunięcia nie zmieniłby się przedmiot i charakter przedstawienia, to w tym wypadku rozpowszechnianie wizerunku nie wymaga zezwolenia.[96] Jak zaakcentował to Sąd Apelacyjny w Krakowie wizerunek osoby pełni rolę podporządkowaną, czyli jest elementem dodatkowym przedstawionej całości, przez co jego usunięcie nie pozbawiłoby zdjęcia znaczenia i nie zmieniłoby to charakteru tego zdjęcia.

Z kolei Sąd Apelacyjny w Warszawie w wyroku z dnia 10 lutego 2005 roku, zwrócił uwagę na to, że zachowanie powoda, który będąc filmowanym w trakcie wycieczki po Polsce wyraził się, że to on będzie gwiazdą, świadczy o jego zgodzie na utrwalenie wizerunku. Zbyt daleko zdaniem sądu natomiast idzie konstatacja, że powód udzielił swym zachowaniem zgody na wykorzystanie jego wizerunku do reklamowania pozwanego (znanego biura turystycznego), gdyż zgody nie można domniemywać. Gwoli uszczegółowienia okoliczności faktycznych sprawy, postać powoda została ukazana w filmie z profilu przez dwie sekundy, a kamera przesuwała się pokazując jednocześnie krajobraz za oknem autokaru. Jak przyjęto w tym wy-

[95] J. Balcarczyk, Prawo..., op. cit...., s. 62
[96] Wyrok Sądu Apelacyjnego w Krakowie z dnia 19 grudnia 2001 r., sygn. akt. I ACa 957/01 TPP 2002/3/107

padku wizerunek powoda był jedynie szczegółem całości. Świadczy o tym fakt, że po usunięciu fragmentu z wizerunkiem powoda film nie utracił swych walorów ani wymowy[97].

Innym przykładem jest wyrok Sądu Apelacyjnego w Warszawie z dnia 13 stycznia 1999 r. w sporze, w którym pozwanym była TVP. Powód był wielokrotnie filmowany przy swym stanowisku pracy podczas różnych okazji. Gdy w programie II TVP zaczął się ukazywać emitowany co dwa tygodnie „Gospodarczy Przegląd Dwójki" jego stałe fragmenty składały się z serii migawek ukazujących różne miejsca i sytuacje między innymi powoda ze słuchawką w ręku. Fragment ten pojawiał się trzykrotnie w trakcie programu. Powód uznał, że skoro systematycznie prezentowany jest jego wizerunek to powinien otrzymać wynagrodzenie. Sąd był jednak innego zdania stwierdzając, że wizerunek powoda ukazujący się na ekranie przez kilka sekund stanowi jeden z elementów obrazu pracy banku. Celem obrazu nie jest przedstawienie powoda, lecz miejsc, z którymi łączą się losy gospodarki. Sąd drugiej instancji stwierdził natomiast, że jakkolwiek sfilmowanie powoda przy jego stanowisku pracy może być uznane, jako szczegół funkcjonowania banku, to mimo wszystko nie chodzi w tym wypadku jednorazową relację dziennikarską, która dotyczy aktualnego wydarzenia związanego z działalnością banku, lecz o materiał filmowy, który miał stanowić czołówkę cyklicznie emitowanego programu, w której osoba powoda jest przedstawiona w sposób rozpoznawalny. Na tego rodzaju wykorzystanie potrzebna jest zgoda[98].

Celem omawianego przepisu art. 81 ust. 2 pkt.2 pr aut. jest umożliwienie prowadzenia działalności informacyjnej, sprawozdawczej, prezentowanie wydarzeń publicznych. Nie jest natomiast dozwolone rozpowszechnianie bez zgody portretowanego zarówno jego wizerunków skadrowanych jak i wizerunków stanowiących element utrwalonej imprezy czy krajobrazu, które zostały utrwalone w warunkach godzących w prawo do prywatności.

Podnieść należy, że Sąd Apelacyjny w wyroku z dnia 28 sierpnia 1996 r. wyraził pogląd, że o dokonaniu naruszenia dobra osobistego decyduje obiektywna ocena konkretnych okoliczności, nie zaś subiektywne odczucie osoby zainteresowanej.

---

[97] J.Barta, R.Markiewicz, Media..., op. cit., s.112

[98] Wyrok Sądu Apelacyjnego w Warszawie z dnia 13 stycznia 1999 r., sygn. akt. I ACa 1089/98, Wokanda 2000/3/42

W niniejszej sprawie Powód podniósł, że naruszenie jego dobra osobistego nastąpiło poprzez opublikowanie w celach reklamowych, zdjęcia z pozorowanej akcji ratowniczej, które między innymi przedstawiało powoda ubranego w kombinezon i hełm, co w jego środowisku wywołało sugestię o czerpaniu zysków z reklamy sprzętu medycznego. Twierdzenie powoda, że jego roszczenia znajdują uzasadnienie w art. 81 ust. 1 ustawy o prawie autorskim i prawach pokrewnych również nie było- zdaniem Sądu Apelacyjnego - uzasadnione. Przepis ten stwierdza wprawdzie, że rozpowszechnianie wizerunku wymaga zezwolenia osoby na nim przedstawionej. Jednakże - jak to trafnie podniósł sąd pierwszej instancji - w niniejszej sprawie ma zastosowanie art. 81 ust. 2 pkt 2 wymienionej wyżej ustawy stanowiący, że nie wymaga zezwolenia rozpowszechnianie wizerunku osoby stanowiącej jedynie szczegół całości takiej jak zgromadzenie, krajobraz lub publiczna impreza. Zdjęcie, na które powołał się powód, jest właśnie typowym zdjęciem publicznej imprezy. Przedstawia ono kilku mężczyzn, a nie tylko powoda, nie jest zdjęciem pozowanym, lecz zrobionym w trakcie akcji ratowniczej, postać powoda stanowi jedynie szczegół ujętego na zdjęciu zdarzenia. Co więcej publikacja tego zdjęcia nie miała na celu rozpowszechniania wizerunku powoda. Strona pozwana nie miała, zatem obowiązku uzyskania zezwolenia powoda na publikację tego zdjęcia w celach reklamowych[99].

Jeżeli traktować art. 81 pr. aut. wyłącznie, jako przepis usuwający kolizję praw osobistych (z kodeksu cywilnego) z prawem autorskim twórcy portretu, wtedy portretowany mógłby zakazać tylko takiego rozpowszechniania wizerunku, które narusza jakieś prawo osobiste chronione na podstawie art. 23 k.c. Natomiast, gdyby przyjąć założenie, że wizerunek jest tylko nośnikiem dla prawdziwych dóbr osobistych a więc dla wszelkich interesów człowieka z nim związanych, to prawo do wizerunku z art. 81 pr. aut. traciłoby wszelką samodzielność. Sens tej regulacji sprowadzałby się do wyraźnego uregulowania wyjątków od ochrony dóbr osobistych zagrożonych przez rozpowszechnianie wizerunku i do przesądzenia czasowych ram ochrony. Art. 81 stałby się *lex specialis* w stosunku do art. 24 k.c. [100] Wyjątki z art. 81 ust. 2 pr. aut. odnoszą się w konsekwencji do naruszania wszystkich interesów osobistych

---

[99]Wyrok Sądu Apelacyjnego w Łodzi, z dnia 28 sierpnia 1996 r., sygn. akt. I ACr 341/96, OSA 1997/7-8/43, OSAŁ 1996/4/77

[100] T. Grzeszak, Prawo do wizerunku..., op. cit., s. 550,

w związku z rozpowszechnianiem wizerunków. Oznacza to w praktyce pozbawienie w tym zakresie kumulatywnej ochrony prywatności i czci osób.[101]

Najpowszechniej przyjmowana jest w polskim prawie inna wykładnia, zgodnie, z którą, prawo do wizerunku w art. 81 pr. aut. jest konkretyzacją prawa do wizerunku z art. 23 k.c., ale chroni swoisty interes idealny, jaki uprawniony ma w tym, by decydować o rozpowszechnianiu swego wizerunku, niezależnie od tego, czy wiąże się ono z naruszaniem innych dóbr osobistych[102]. Zdaniem J. Barty i R. Markiewicza[103] wykazanie braku bezprawności naruszenia prawa do wizerunku możliwe jest na zasadach ogólnych, a nie tylko przez udowodnienie jednej z okoliczności z art. 81 ust. 2 pr. aut. Sąd Najwyższy w wyroku z dnia 2 lutego 1967 r. zezwolił na powtórne rozpowszechnianie wizerunku, byleby nie zmieniać kontekstu, podpisu itp. Stwierdził, że „tego rodzaju dobra osobiste jak prawo do własnego wizerunku ustawa zrównuje – jeśli chodzi o ich ochronę – z prawami autorskimi"[104] i dlatego zaproponował zastosowanie art. 18 pr. aut. dotyczącego dozwolonego przedruku.

**Rozdział III**

**3.2.3 Wizerunek osoby powszechnie znanej**

Omawiając problematykę rozpowszechniania wizerunku osoby powszechnej znanej w pierwszej kolejności koniecznym jest ustalenie jakie atrybuty pozwalają uznać kogoś za osobę powszechnie znaną. Kierując się wywodami zawartymi w wyroku Sądu Najwyższego z dnia 2 lutego 1966 r. za osobę powszechnie znaną uważa się osobę, która z uwagi na prowadzoną przez siebie działalność (polityczną, społeczną, zawodową itp.) jest znana większości mieszkańców danego kraju, miasta, czy też większości członków danej grupy społecznej, zawodowej itp."[105]

---

[101] Ibidem, s.550
[102] A. Matlak, Cywilnoprawna..., op. cit., s. 321
[103] J. Barta, R. Markiewicz, (w:) Komentarz..., 2005, op. cit., s. 637
[104] Wyrok Sądu Najwyższego z dnia 2 lutego 1966 r., sygn. akt. I CR 496/66, OSN 1967, Nr 9, poz. 161
[105] J. Sieńczyło-Chlabicz, Rozpowszechnianie..., op. cit., s. 41

Brzmienie przepisu art. 81 ust. 2 pkt 2 pr. aut. ustanawia trzy przesłanki, których kumulatywne spełnienie umożliwia rozpowszechnianie, które nie może być uznane za bezprawne:

a) osoba, której wizerunek ma być poddany rozpowszechnieniu, musi być powszechnie znana
b) wizerunek powinien zostać ustalony w związku z pełnieniem przez osobę powszechnie znana określonych funkcji;
c) wykorzystanie takiego wizerunku powinno być związane z relacjonowaniem wykonywania przez portretowanego funkcji zawodowych, społecznych lub politycznych [106].

W art. 18 ustawy z 1926 r. o prawie autorskim i art. 24 pr. aut. ustawy z 1952 r. przyjęto, że wolno rozpowszechniać wizerunki „osób powszechnie znanych, chyba, że uczyniły zastrzeżenie przy portretowaniu". Ustawy z 1926 r. i 1952 r. umożliwiały tym osobom wyrażenie sprzeciwu „przy portretowaniu" i rozpowszechnieniu ich wizerunków. Taka możliwość była iluzoryczna zwłaszcza wtedy, gdyż zainteresowany w ogóle nie wiedział, że był filmowany lub fotografowany. Tymczasem aktualnie osoby te nie mogą zakazać rozpowszechniania, nawet, gdy wiedzą o tym, że ich wizerunki są utrwalane. Ochronę tej kategorii osób wzmacnia obecnie art.14 ust.1 ustawy z dnia 14 stycznia 1984 r. – *Prawo prasowe*[107]. Zakazuje on publikowania wizerunku osoby dostarczającej prasie informacji i tym samym stanowi *lex specialis* w stosunku do art. 81 ust. 2 pkt. 1 pr. aut.[108] Przede wszystkim chodzi tu o osoby, które świadomie kontaktują się z prasą w celu udzielenia jej informacji.

Podkreślenia wymaga fakt, iż zwykle na świecie do wspomnianych osób zaliczani być mogą zarówno ci, którzy świadomie wybrali życie na oczach publiczności (jak politycy, działacze społeczni, autorytety moralne, aktorzy, sportowcy, niektórzy dziennikarze, itp.), jak i te osoby, które mimowolnie stały się przedmiotem publicznego zainteresowania (jak rodziny polityków, świadkowie ważnych wydarzeń, sprawcy głośnych przestępstw itp.)[109].

---

[106] J. Barta, R. Markiewicz, Ochrona wizerunku (w:) J. Barta, i In., Prawo autorskie..., op. cit., s. 632
[107] Dz. U. Nr 5, poz.
[108] T. Grzeszak, Prawo do wizerunku..., op. cit., s. 559
[109] Ibidem s. 560

Przy ustalaniu kręgu tego rodzaju osób uwzględniane są takie okoliczności jak sprawowanie funkcji politycznych lub społecznych, działalność zawodowa, sportowa, amatorska, hobbystyczna. Powszechność danej osoby zależy w dużej mierze od kręgu odbiorców i stopnia rozpoznawalności tej osoby. Dopuszczalność rozpowszechniania bez zgody wizerunku osoby powszechnie znanej zależy od tego czy wizerunek był wykonywany w związku z pełnieniem funkcji publicznych w szczególności politycznych, społecznych, zawodowych. Ustawodawca skupiając uwagę na okolicznościach wykonania wizerunku nie przesądza natomiast, jakiemu celowi służyć ma jego rozpowszechnianie. W art. 81 ust. 2 pkt 2 pr. aut. swoboda rozpowszechniania ma służyć celem informacyjnym, jeżeli zdjęcie nie dotyczy życia prywatnego. Można jedynie dopuścić zamieszczenie w prasie wizerunku osoby powszechnie znanej, jeśli towarzyszy on materiałowi prasowemu poświęconemu osobie lub wydarzeniu, w których osoba ta odegrała ważna rolę. Ogłoszenie wewnątrz numeru czasopisma usprawiedliwia także zamieszczenie na stronie tytułowej jej wizerunku z adnotacją o wspomnianym artykule[110].

Jak zasadnie wywiódł Sąd Najwyższy w wyroku z dnia 20 lipca 2007 r. do określenia grona osób powszechnie znanych można zaliczyć takie osoby, które wprost lub w sposób dorozumiany godzą się na podawanie do publicznej wiadomości wiedzy o swoim życiu, w tym także osoby prowadzące działalność gospodarczą lub społeczną. Są to osoby, które uczestniczą w życiu publicznym. Uczestnictwem w życiu publicznym jest branie udziału w charakterze eksperta w posiedzeniach komisji czy podkomisji sejmowych, skoro relacje z takich posiedzeń przekazywane są do publicznej wiadomości. Nie wystarcza to jednak jeszcze do wykluczenia potrzeby uzyskania zezwolenia na wykorzystanie wizerunku takiej osoby[111].

Przy ustalaniu powszechności nie należy brać pod uwagę, jaki procent osób musi znać tę osobę i w jakim stopniu musi być kojarzona. Osobą powszechnie znaną jest jednostka, która wzbudza biorąc pod uwagę wykonywany zawód uzasadnioną ciekawość i zainteresowanie. Konstatując w sytuacji, gdy rozpowszechniany jest wizerunek osoby powszechnie znanej norma art.81 ust.2 pkt 2 pr. aut. będzie miała zastosowanie wówczas, gdy dotyczy to wydarzenia, które wpłynęło na popularność osoby fotografowanej.

[110] J. Barta, R. Markiewicz, Media..., op. cit., s. 105
[111] Wyrok Sądu Najwyższy z dnia 20 lipca 2007 r., sygn. akt. I CSK 134/07, LEX nr 485999

Podnosi się, że intencją ustawodawcy było objęcie analizowaną normą tych wypadków, w których dana osoba dała się sportretować, ale która wiedziała o tym fakcie utrwalenia jej wizerunku i jednocześnie mogła swobodnie zgłosić zastrzeżenie. Jednakże taka wykładnia byłaby sprzeczna z *ratio legis* przepisu, które sprowadzało się do objęcia wizerunków osób powszechnie znanych użytkiem publicznym i dlatego zakłada się, że norma ta znajdzie zastosowanie także wtedy, gdy osoba portretowana nie wiedziała o utrwaleniu jej wizerunku.[112] Dodatkowo, znaczenie terminu „portretowanie" wynika z tego, że pojęcie to nie jest identyczne z wykonaniem każdego rodzaju portretu fotograficznego, lecz ogranicza się wyłącznie do sytuacji w której istniało pewne uzgodnione współdziałanie pomiędzy fotografującym a fotografowanym. Konkludując zatem, dozwolone jest swobodne rozpowszechnianie zdjęć twarzy osób ogólnie znanych o ile portrety te są związane z konkretnym wydarzeniem publicznym.[113]

W zależności od tego, o jaką osobę i jaką informację chodzi, pokazanie jej wizerunku da się usprawiedliwić, lub nie. Zakres tego, co społeczeństwo ma prawo zobaczyć podlega stałym przemianom. O tym, gdzie zaczyna i kończy się ten usprawiedliwiony interes decyduje obowiązujący w danym miejscu i czasie system wartości. Zaspokojenia „usprawiedliwionego zainteresowania" – nie można mylić z zaspokojeniem każdej ciekawości. Chodzi tu raczej o świadome i odpowiedzialne kształtowanie opinii publicznej przez media, poprzez pokazywanie wizerunków tych ludzi, którzy powinni być powszechnie znani[114].

Ciekawym pytaniem jest to czy do rozpowszechniania wizerunku potrzebna jest zgoda osoby towarzyszącej osobie powszechnie znanej (np. politykowi). Czy żona prezydenta może zabronić rozpowszechniania jej wizerunku, sporządzonego w sytuacji, gdy towarzyszy mężowi podczas uroczystości państwowej lub imprezy charytatywnej? Wydaje się, że uzyskanie takiej zgody nie jest tutaj potrzebne, różna jest w obu sytuacjach podstawa prawna. Gdy żona prezydenta uczestniczy w uroczystości państwowej, możemy założyć, że stanowi fragment zgromadzenia czy imprezy publicznej. Jednakże, jeżeli żona prezydenta

112 J. Balcarczyk, Prawo..., op. cit., s. 124
113 Ibidem, s. 124
114 T. Grzeszak, Prawo do wizerunku..., op. cit., s. 561

uczestniczy u boku męża w imprezie charytatywnej można uznać, że sama jest osoba powszechnie znaną i angażuje się we własną działalność dobroczynną[115].

Szczególny problem, stanowią osoby, które dawniej prowadziły publiczną działalność, a obecnie żyją na uboczu, unikając publicznego rozgłosu. Przypominanie ich dawnych wizerunków, wcześniej legalnie opublikowanych w ramach ustawowego zezwolenia, lub niepublikowanych, ale „utrwalonych w związku z pełnionymi funkcjami" (np. zdjęcia legitymacyjne) – mieści się i obecnie w granicach ustawowego zezwolenia, o ile prowadzi do zaspokajania usprawiedliwionego zainteresowania. Warunek ten będzie spełniony o wiele rzadziej w stosunku do aktualnych wizerunków tych osób[116].

Kolejna wątpliwość wyłania się w sytuacji przybycia znanej aktorki wraz z córką na prestiżowy bal z udziałem wielu osobistości albo spędzanie przez ważnego polityka wraz z jego nowa partnerką życiową wakacji w znanym uzdrowisku[117]. Usprawiedliwiona wydaje się tutaj ingerencja w sferę prywatności natomiast, jeżeli opublikowany materiał prasowy koncentruje się wyłącznie na osobach towarzyszących to w tym wypadku powinien być on zakwestionowany.

Wykładnia terminów „osoba powszechnie znana" oraz „powiązanie utrwalenia wizerunku z pełnioną funkcją publiczną" dokonywana być powinna z uwzględnieniem prawa obywatela do „wyrażania swoich poglądów oraz pozyskiwania i rozpowszechniania informacji". Kryterium „usprawiedliwionego zainteresowania" opinii publicznej pozwala na udzielenie odpowiedzi na pytanie, kto powinien być uznany za osobę „powszechnie znaną". Pasuje ono również do osób „publicznych", które tolerować muszą zainteresowanie nimi opinii publicznej. Pomaga ono w wyważeniu konstytucyjnego prawa do prywatności i prawa do informacji[118].

---

[115] P. Ślęzak, Ochrona prawa..., op. cit., s. 30
[116] T. Grzeszak, Prawo do wizerunku..., op. cit., s.561
[117] J. Barta, R. Markiewicz, Media..., op. cit., s.83
[118] T. Grzeszak, Prawo do wizerunku..., op. cit., s. 561

## Rozdział IV

## 4.1. Przesłanki ochrony wizerunku na podstawie prawa cywilnego i prawa autorskiego

Na wstępie wskazać należy, że termin „wizerunek" użyty zarówno w przepisie art. 23 k.c. jak również przepisie art. 81 pr. aut., dotyczy tego samego dobra osobistego. Stąd też przepis art. 81 pr.aut. nie stanowi źródła odrębnego prawa majątkowego, lecz jedynie uszczegóławia zasady ochrony wizerunku ze względu na określone w ustawie o prawie autorskim sposoby jego wykorzystywania.[119]

Z uwagi na fakt, że wizerunek chroniony jest zarówno na gruncie Kodeksu cywilnego jak i ustawy o prawie autorskim i prawach pokrewnych, uprawniony może sam wybrać podstawę ochrony. Wybierając kodeks cywilny, uprawniony musi wykazać naruszenie tego dobra (wizerunku), zaś pozwany może bronić się w ten sposób, że wykaże brak bezprawności swojego działania. Decydując się natomiast na ochronę przewidzianą w prawie autorskim, uprawniony musi wykazać, że doszło do rozpowszechnienia jego wizerunku. W tym przypadku pozwanego usprawiedliwi powołanie się na zezwolenie uprawnionego bądź zezwolenie ustawowe, które jest zawarte w przepisie art. 81 ust. 2 pr. aut.[120]

W doktrynie wskazuje się, że uzyskanie ochrony na podstawie przepisów art. 23 i art. 24 k.c., wymaga wykazania przez uprawnionego, że zostało naruszone dobro osobiste, jakim jest wizerunek. Zgodnie, zatem z przepisami kodeksu cywilnego, przesłankami ochrony dóbr osobistych, które muszą być spełnione łącznie, są:

- istnienie dobra osobistego,
- zagrożenie lub naruszenie tego dobra,
- bezprawność zagrożenia lub naruszenia. [121]

Niewątpliwe jest, że przepis art. 24 k.c. chroni tylko przed bezprawnym naruszeniem lub zagrożeniem dóbr osobistych. Wskazać jednocześnie należy, że przepis ten nie wymaga, aby naruszenie było zawinione. Podkreśla się, bowiem, że jest to cecha znamionująca wszystkie konstrukcje ochronne oparte na prawach podmio-

[119] A. Matlak, Cywilnoprawna ochrona wizerunku, Kwartalnik Prawa Prywatnego 2004/2/317, System Informacji Prawnej LEX
[120] T. Grzeszak, Reklama..., op. cit., s.11
[121] P. Książek, Komentarz..., op. cit.

towych bezwzględnych – w przeciwieństwie do ochrony deliktowej lub karnej. Za niewłaściwe, zatem należy uznać powoływanie się na cele lub intencje działania naruszyciela, jako podstawę oceny czy było ono bezprawne. Te z natury rzeczy subiektywne okoliczności mogą, bowiem mieć doniosłość tylko dla oceny winy naruszyciela, a nie dla zakwalifikowania jego czynu, jako bezprawny, co zawsze ustala się wedle kryteriów obiektywnych.[122]

Podnieść należy, że bezprawność naruszenia jest domniemywana. Domniemanie bezprawności ma charakter ogólny. Zatem każde naruszenie dobra osobistego, bez konieczności wykazania podstawy prawnej naruszenia, należy zakwalifikować, jako naruszenie prawa osobistego. Domniemanie bezprawności naruszenia lub zagrożenia dobra osobistego rozkłada w korzystny dla pokrzywdzonego sposób ryzyko nie wyjaśnień tej okoliczności.[123] Przykładowo, w razie opublikowania w prasie zniesławiających informacji, powód nie musi nic więcej udowadniać, niż to, że artykuł taki się ukazał i że doszło do naruszenia czci, przy czym ta ostatnia okoliczność, z uwagi na konieczność obiektywnej oceny, w zasadzie oceniana jest autonomicznie przez sąd, co ogranicza rolę powoda do złożenia pozwu wraz z załącznikiem w postaci kserokopii artykułu. Na pozwanym spoczywać będzie natomiast ciężar udowodnienia, że naruszenie nie było bezprawne.[124]

Podkreślenia wymaga, że zakres przesłanek uchylających bezprawność jest sporny w polskiej doktrynie prawa cywilnego.[125] Wydaje się, że na tle polskiego systemu prawnego, można wyróżnić trzy podstawowe typy przesłanek tj.: zgodę uprawnionego, działanie na podstawie przepisu lub w wykonaniu praw podmiotowego oraz nadużycie prawa podmiotowego.[126]

Na marginesie zasygnalizować również należy, że w doktrynie reprezentowany jest również pogląd, zgodnie, z którym, zgoda uprawnionego nie uchyla bezprawności, lecz wyłącza naruszenie dobra osobistego.[127]

W doktrynie wskazuje się, ze zarówno pojęcia poszczególnych dóbr osobistych, jak i treść chroniących je praw, podlegają stałej ewolucji, bowiem są ściśle

---

[122] Z. Radwański, *Prawo cywilne...*, op. cit., s. 166-167
[123] Ibidem s. 167
[124] P. Książek, *Komentarz...*, op. cit.
[125] J. Barta, System Prawa Prywatnego, Tom 13, Prawo autorskie, CH Beck Warszawa 2003, s. 501
[126] Z. Radwański, *Prawo...*, op. cit., s. 168
[127] S. Grzybowski, System Prawa Cywilnego, Tom I, część ogólna, OSSOLINEUM, 1985r.,s. 301-302

związane z panującym w społeczeństwie systemem wartości. Często są one wewnętrznie skonfliktowane, zrelatywizowane i dlatego sądy rozstrzygające spory są zmuszone do ważenia sprzecznych interesów uprawnionego i naruszyciela. W efekcie zakres prawa do wizerunku z Kodeksu cywilnego, ma ruchome granice.[128]

W przeciwieństwie do ochrony przewidzianej w przepisach Kodeksu cywilnego, uzyskanie ochrony na podstawie przepisu art. 81 pr. aut., jak się wydaje, wymaga wyłącznie wykazania, że doszło do rozpowszechnienia wizerunku, które pozostaje poza sferą wyjątków określonych w przepisie art. 81 ust. 2 pr. aut., i na które uprawniony nie zezwolił.[129] Wobec powyższego, należałoby przyjąć, że przesłanką ochrony wizerunku, na podstawie przepisu art. 81 Pr. Aut., jest rozpowszechnienie wizerunku bez zgody uprawnionego.

Wskazać jednocześnie należy, że ze sposobu zakreślenia granic tego prawa wynika pewne uelastycznienie jego treści.[130] Zgodnie, bowiem z przepisem art. 81 ust. 2 pr. aut., dopuszczalnym jest rozpowszechnianie, bez zezwolenia, wizerunku osoby powszechnie znanej, o ile wizerunek wykonano w związku z pełnieniem przez nią funkcji publicznych, jak również osoby stanowiącej jedynie szczegół całości, takiej jak zgromadzenie, krajobraz czy impreza publiczna.

Ponadto, wskazuje się, że nie zezwolenie na rozpowszechnianie wizerunku nie jest wymagane, jeżeli osoba uwieczniona na wizerunku otrzymała umówioną zapłatę za pozowanie.[131] Przy założeniu, że przepis art. 81 pr. aut. tworzy monopol eksploatacji wizerunku, literalna wykładnia wyłączeń wizerunków osób powszechnie znanych, utrwalonych w związku z pełnioną funkcją, spod ochrony, oznaczałaby konieczność poszukiwania ochrony przed komercyjnym wykorzystaniem tych wizerunków bezpośrednio na gruncie Kodeksu cywilnego, lub też ustawy o zwalczaniu nieuczciwej konkurencji. Reklamowe wykorzystanie wizerunku bez zezwolenia portretowanego godzi w prawo jednostki do decydowania o tym, jak chce być postrzegana przez innych.

---

[128] J. Barta, *System...*, op.cit. s. 501
[129] Ibidem, s.502
[130] Ibidem, s.502
[131] J. Sobczak, *Prawo autorskie i prawa pokrewne*, Warszawa – Poznań 2000, s. 203

Zdaniem przeważającej części doktryny, ograniczenie prawa do wizerunku dotyczy tylko rozpowszechniania go w celu informowania o pełnieniu funkcji publicznej, nie zaś w celach komercyjnych.[132] Wskazać należy, że Sąd Najwyższy dopuścił stosowanie roszczenia o wydanie bezpodstawnie uzyskanych korzyści w przypadku bezprawnego komercyjnego wykorzystania wizerunku osoby sławnej (pocztówki z wizerunkiem sławnego boksera – 1977r.).[133]

## Rozdział IV

### 4.2. Dochodzenie roszczeń na gruncie k. c. i pr. aut.

Podstawową regulacją zawierającą katalog roszczeń przysługujących uprawnionemu, w którego dobro osobiste bezprawnie wkroczono, jest przepis art. 24 k. c. Rodzaj żądania, jakie wysuwać może legitymowany, uzależniony jest od tego, czy jego dobro osobiste jest jedynie zagrożone, czy też do naruszenia już doszło. W pierwszym przypadku powód może domagać się zaniechania działania zagrażającego jego dobrom osobistym. W drugim może natomiast wysuwać roszczenie o usunięcie skutków naruszenia, a także o zadośćuczynienie lub zapłatę odpowiedniej sumy pieniężnej na wskazany cel społeczny.[134]

Zgodnie z przepisem art. 24 § 1 k.c. „ten, czyje dobro osobiste zostaje zagrożone cudzym działaniem, może żądać zaniechania tego działania, chyba, że nie jest ono bezprawne. W razie dokonanego naruszenia może on także żądać, ażeby osoba, która dopuściła się naruszenia, dopełniła czynności potrzebnych do usunięcia jego skutków, w szczególności ażeby złożyła oświadczenie odpowiedniej treści i w odpowiedniej formie. Na zasadach przewidzianych w kodeksie może on również żądać zadośćuczynienia pieniężnego lub zapłaty odpowiedniej sumy pieniężnej na wskazany cel społeczny"[135].

Podnieść jednocześnie należy, że zgodnie z powszechnym stanowiskiem doktryny podmiot dobra osobistego może domagać się także ustalenia, że określone dobro przysługuje konkretnej osobie, jak również, że zostało ono zagrożone lub już

---

[132] J. Barta, *System...*, op.cit. s. 501
[133] T. Grzeszak, Reklama..., op. cit. s. 10
[134] J. Balcarczyk, Prawo..., op. cit., s.158
[135] Zob. ustawa z dnia 23 kwietnia 1964r. Kodeks cywilny (Dz. U. z 1964r., Nr 16, poz. 93, z zm.)

naruszone. Podstawę takiego żądania stanowi art. 189 k.p.c.[136] Zgodnie z przepisem art. 189 k.p.c. powód może żądać ustalenia przez sąd istnienia lub nieistnienia stosunku prawnego lub prawa, gdy ma w tym interes prawny.[137]

Roszczenie określone w przepisie art. 24 § 1 zd. pierwsze k.c. jest ujęte szeroko. Dotyczy każdego dobra osobistego. Przesłanką jest zagrożenie dobra osobistego cudzym bezprawnym działaniem. Pozwany może bronić się, wykazując, że jego działanie nie jest bezprawne. Uprawniony może żądać jedynie zaniechania określonych działań.[138] Podkreślenia wymaga, że nie można żądać zaniechania nieokreślonych działań, które mogłyby zagrozić jakimś, bliżej niesprecyzowanym dobrom osobistym. Zgodnie, bowiem ze stanowiskiem Sądu Najwyższego, sentencja wyroku rozstrzygająca o żądaniu ochrony dóbr osobistych nie może się ograniczać do ogólnikowego zakazu ich naruszania, ale obok wymienienia naruszonego dobra powinna zawierać ścisłe określenie czynności, która ma być zaniechana.[139]

Krytycznie do powyższego stanowiska judykatury odnosi się B. Kordasiewicz, który uważa taki wymóg za mechaniczne stosowanie zasad wlaściwych roszczeniom majątkowym. Uważa on za wystarczajace ogólne żądanie oświadczenia o odpowiedniej treści i formie[140].

Roszczenie zawarte w art. 24 § 1 zd. 2 k.c., o "dopełnienie czynności potrzebnych do usunięcia skutków", ujmowane być może w wąskim lub szerokim rozumieniu. W wąskim ujęciu oznacza ono tylko samo wykonanie odpowiednich czynności, które jednak mogą ostatecznie nie spowodować osiągnięcia celu w postaci definitywnego usunięcia omawianych skutków, względnie nie sposób będzie ustalić tej okoliczności (zobowiązanie do przeproszenia, opublikowania sprostowania). Istotny jest tutaj sam fakt dokonania przeprosin czy sprostowania, niezależnie od oceny jego społecznej percepcji. W szerokim rozumieniu chodzi natomiast o ostateczne usunięcie pewnych, zwłaszcza "materialnych" skutków, a zatem można domagać się dopełnienia dalszych czynności, jeżeli poprzednie nie doprowadziły do usunięcia tych skutków (np. zobowiązanie do usunięcia ośmieszających plakatów

---

[136] J. Balcarczyk, Prawo..., op. cit., s. 158
[137] Zob. ustawa z dnia 17 listopada 1964r. Kodeks postępowania cywilnego, (Dz. U. z 1964r., Nr 43, poz. 296, ze zm.)
[138] P. Książek, *Komentarz*... op. cit.
[139] Wyrok Sądu Najwyższego z dnia 9 lipca 1971 r., sygn. akt II CR 220/71, OSNC 1972/1/19
[140] B. Kordasiewicz, Cywilnoprawna ochrona prawa do prywatności KPP, 2000, z. 1, s. 45

czy reklam), zachowanie zobowiązanego może tutaj podlegać ocenie zarówno, co do formy jak, i co do skutku, a w razie nieprawidłowości dopuszczalne będzie, w miarę potrzeby, domaganie się dokonania skutecznego naprawienia.[141] Można by zatem przyjąć, że w przypadku bezprawnego posłużenia się wizerunkiem najczęściej wysuwanym roszczeniem przez powoda w ramach omawianej kategorii będzie jego przeproszenie i złożenie oświadczenia, iż wykorzystano portret bez zgody uprawnionego. Nie należy wykluczyć także środków uwzględniających specyfikę omawianego przedmiotu ochrony, wyrażających się chociażby w żądaniu usunięcia fotografii z określonego miejsca.[142]

Podnieść jednocześnie należy, że skorzystanie przez uprawnionego z ww. środków niemajątkowej ochrony dóbr osobistych nie zawsze dostarczy mu pełnej satysfakcji.[143] Jednakże, zgodnie z omawianym przepisem art. 24 § 1 k.c. razie dokonanego naruszenia dóbr osobistych na zasadach przewidzianych w kodeksie uprawniony może żądać zadośćuczynienia pieniężnego lub zapłaty odpowiedniej sumy pieniężnej na wskazany cel społeczny.

W doktrynie przyjmuje się, że ww. przepis nie stanowi podstawy normatywnej dla zasądzenia zadośćuczynienia w każdym wypadku bezprawnego naruszenia dóbr osobistych, lecz odsyła do przepisów szczególnych, które przewidują ten środek. Zadośćuczynienie przyznane może być tylko w wypadkach wskazanych w ustawie.[144] Zgodnie z art. 448 k. c. „w razie naruszenia dobra osobistego sąd może przyznać temu, czyje dobro osobiste zostało naruszone, odpowiednią sumę tytułem zadośćuczynienia pieniężnego za doznaną krzywdę lub na jego żądanie zasądzić odpowiednią sumę pieniężną na wskazany przez niego cel społeczny, niezależnie od innych środków potrzebnych do usunięcia skutków naruszenia".[145]

Ponadto, zgodnie z przepisem art. 24 § 2 k.c., „jeżeli wskutek naruszenia dobra osobistego została wyrządzona szkoda majątkowa poszkodowany może żądać jej naprawienia na zasadach ogólnych".[146] Zasady ogólne określone są w przepisach art. 415 k.c. i następnych. W doktrynie istnieje pogląd zgodnie, z którym nie wy-

---

[141] T. Sokołowski, *Komentarz..., op. cit.*
[142] J. Balcarczyk, Prawo..., op. cit.
[143] Ibidem, s.
[144] P. Książek, Komentarz..., op. cit.
[145] Zob. ustawa z dnia 23 kwietnia 1964r. Kodeks cywilny (Dz. U. z 1964r., Nr 16, poz. 93, z zm.)
[146] Ibidem

starczy wówczas spełnienie przesłanek ochrony z art. 24 § 1 k.c., lecz równocześnie muszą być spełnione przesłanki, od których zależy odpowiedzialność odszkodowawcza.[147] W wypadku dochodzenia zarówno zadośćuczynienia, jak i odszkodowania sąd nie jest uprawniony do zasądzenia jednej, łącznej kwoty, lecz obowiązany jest do wyodrębnienia kwot zasądzanych z obu tytułów.[148]

Zasygnalizować jednocześnie należy, ze w zakresie dochodzenia odszkodowania od wydawcy w związku z bezprawnym rozpowszechnianiem wizerunku, na odnotowanie zasługuje orzeczenie Sądu Apelacyjnego w Warszawie. Sąd w ww. wyroku przyjął, że „należytą staranność odnieść należy do profesjonalnego charakteru działalności wydawcy, a wówczas miara tej staranności ulega podwyższeniu. Brak staranności w przypadku działań profesjonalisty nie musi być wcale szczególnie rażący, aby uzasadniał odpowiedzialność odszkodowawczą".[149] „Pozwane Wydawnictwo nie dysponowało zgodą powódki na rozpowszechnienie jej wizerunku w czasopiśmie X, nie miał jej również pozwany Y. Zważywszy na szczególny charakter pisma zamieszczającego teksty i zdjęcia o zabarwieniu erotyczno-seksualnym Wydawnictwo obowiązywała wyższa niż przeciętna staranność przy sprawdzaniu, czy zachowane zostały względem powódki wymogi określone w art. 81 pr. aut. Rzeczą pozwanego Wydawnictwa jest dobór odpowiednich środków temu służących, a argumenty o braku realnych możliwości sprawdzenia, czy autorzy zdjęć uzyskali zgodę na ich publikacje bądź też zapłacili za pozowanie, w żadnym razie nie mogą wpływać na wyłączenie odpowiedzialności". [150]

W doktrynie istnieje pogląd, zgodnie, z którym naruszenie niektórych dóbr osobistych może prowadzić do bezpodstawnego wzbogacenia sprawcy. Dotyczy to wypadków majątkowej eksploatacji niektórych dóbr osobistych w tym wizerunku. Od dawna wiadomo, że komercyjne wykorzystanie dóbr osobistych, poprzez zawarcie odpowiednich umów (np. na wykorzystanie wizerunku), może być źródłem znaczących korzyści. Nie ma sprzeczności między niemajątkowym charakterem dóbr osobistych a możliwością czerpania dochodów z ich wykorzystania. Czerpanie korzyści z cudzych dóbr bez zawarcia odpowiedniej umowy, zgodnie z przepisem art.

---

[147] K. Pietrzykowski, Kodeks cywilny, Tom 1, Komentarz do art. 1-449[11] CH Beck, Warszawa, 2008, s. 168
[148] P. Książek, Komentarz..., op. cit.
[149] Wyrok Sądu Najwyższego z dnia 12 lutego 1998 r., sygn. akt I ACa 1044/97
[150] J. Barta, Komentarz, ustawa o prawie autorskim i prawach pokrewnych, Dom Wydawniczy ABC 2001, s. 541

405 k.c., rodzi obowiązek wydania ich uprawnionemu. Przez wzbogacenie należy w tym kontekście rozumieć zaoszczędzony wydatek na zawarcie stosownej umowy. Tej samej wielkości będzie tu zubożenie uprawnionego, bowiem należne wynagrodzenie nie weszło do jego majątku. Wykorzystujący w celach komercyjnych cudze dobra osobiste wzbogaca się bezpodstawnie kosztem uprawnionego. Dla przesłanek tego roszczenia jest obojętne, czy uprawniony mógł i chciał wykorzystać komercyjnie swoje dobra. Mimo braku szkody będzie on, zatem mógł dochodzić wydania wzbogacenia.[151]

W przypadku użycia bez zgody do celów reklamowych cudzego wizerunku i/lub głosu, nazwiska albo pseudonimu artystycznego zadośćuczynienie zaczyna być traktowane, jako wynagrodzenie za wykorzystanie wizerunku i/lub głosu, nazwiska albo pseudonimu, nie zaś, jako rekompensata za krzywdę moralną wyrządzoną wskutek naruszenia. Zasadą jest, że zadośćuczynienie pełni rolę rekompensaty za krzywdę moralną, a odszkodowanie pełni funkcję rekompensaty za szkodę majątkową. Zadośćuczynienie ma być ekwiwalentem za doznaną krzywdę niemajątkową, jest sposobem wyrównania ujemnych przeżyć psychicznych lub moralnych, nie zaś sposobem wyrównania szkody majątkowej związanej z utratą wynagrodzenia, jakie by poszkodowany otrzymał, gdyby sprawca naruszenia zawarł z nim stosowną umowę[152].

Wskazać należy, ze przepis art. 24 § 3 k.c., stanowi, że powyższe przepisy nie uchybiają uprawnieniom przewidzianym w innych przepisach, w szczególności w prawie autorskim oraz w prawie wynalazczym.

Ww. przepis przewiduje możliwość kumulatywnego zbiegu reguł odpowiedzialności kodeksowej ze wskazanymi przepisami prawa autorskiego. Przyjąć, zatem należy, że decydujący w tej mierze powinien być wybór osoby zainteresowanej.[153]

Zgodnie z przepisem art. 83 pr. aut. do roszczeń w przypadku rozpowszechniania wizerunku osoby na nim przedstawionej oraz rozpowszechniania korespondencji bez wymaganego zezwolenia osoby, do której została skierowana, stosuje się

---

[151] P. Książek, *Komentarz...*, op. cit.
[152] Artykuł I. Dyka 2001/3/591 - t.9
[153] J. Balcarczyk, *Prawo...*, op. cit.

odpowiednio przepis art. 78 ust. 1 pr. aut.; roszczeń tych nie można dochodzić po upływie dwudziestu lat od śmierci tych osób[154].

Przepis art. 78 ust. 1 pr. aut. stanowi, że „twórca, którego autorskie prawa osobiste zostały zagrożone cudzym działaniem, może żądać zaniechania tego działania. W razie dokonanego naruszenia może także żądać, aby osoba, która dopuściła się naruszenia, dopełniła czynności potrzebnych do usunięcia jego skutków w szczególności, aby złożyła publiczne oświadczenie o odpowiedniej treści i formie. Jeżeli naruszenie było zawinione, sąd może przyznać twórcy odpowiednią sumę pieniężną tytułem zadośćuczynienia za doznaną krzywdę lub - na żądanie twórcy - zobowiązać sprawcę, aby uiścił odpowiednią sumę pieniężną na wskazany przez twórcę cel społeczny".[155]

Zawarte w przepisie art. 83 pr. aut. odesłanie do art. 78 ust. 1 pr. aut. powoduje, że osoby, których wizerunek jest bezprawnie rozpowszechniany, a także adresaci korespondencji rozpowszechnianej bez ich zgody (lub osoby bliskie adresatom po ich śmierci) mogą wystąpić z roszczeniami analogicznymi do tych, jakie przysługują twórcy w przypadku naruszenia jego autorskich dóbr osobistych.[156]

Roszczenia przyznane na gruncie obydwu wymienionych ustaw w dużej mierze się pokrywają; różnica polega na tym, że zasądzenia zadośćuczynienia lub zapłaty oznaczonej kwoty na cel społeczny można domagać się niezależnie od winy sprawcy naruszenia, podczas gdy art.78 ust.1 pr.aut. dochodzenie tych roszczeń uzależnia od zawinienia[157]. Zarówno to zastrzeżenie, jak i przede wszystkim lokalizacja przepisów związanych z ochroną wizerunku, skłaniać może do wniosku, że ustawodawca dostrzega pewne podobieństwa. Wspólne cechy ustawodawca mierzy prawem do wizerunku a prawa autora do swego dzieła (utworu) – prawem artysty do artystycznego wykonania[158]. Inne dobra osobiste wymienione w art.23 k.c. traktowane są w sposób odmienny.

Nasuwa się tu pytanie jak powinniśmy rozumieć fakt, że o ochronie wizerunku stanowią zarówno przepisy kodeksu cywilnego (art.23-24) jak i ustawy autorskiej

---

154 Zob. ustawa o prawie autorskim i prawach pokrewnych, Dz. U. 2006, nr 90, poz. 631

155 Zob. ustawa z dnia 4 lutego 1994r. o prawie autorskim i prawach pokrewnych (Dz. U. z 2006r. Nr 90, poz. 631, ze zm.),

156 J. Barta, *Komentarz...*, op. cit., s. 541

157 Ibidem, s. 116

158 Ibidem, s, 116

proponujące odmienne uregulowania? Zatem czy można powiedzieć, że w odniesieniu do postanowień zamieszczonych w ustawie autorskiej, które odnoszą się do prawa do wizerunku stanowią *lex specialis* i są we wszystkich przypadkach właściwą podstawą ochrony wizerunku? Regulacja w ustawie autorskiej nie stanowi odrębnej podstawy do dochodzenia ochrony, lecz jedynie uszczegóławia zasady ochrony wizerunku ze względu na oznaczone w prawie autorskim sposoby korzystania z niego. W pozostałym zakresie, samo tworzenie wizerunku lub jego eksploatacji innej niż rozpowszechnienie, ocen należy dokonywać wyłącznie na gruncie 23 k.c.[159]. Art.23-24 k.c. mają na celu ochronę pozamajątkowych interesów osób w konsekwencji, czego kreowane tu prawo posiada charakter osobisty z nieprzenoszalnością, niedziedzicznością, wygaśnięciem wraz ze śmiercią osoby będącej przedmiotem prawa. Czy prawo do wizerunku interpretuje się tak samo w prawie autorskim? Wydaje się, że nie. Regulacja zawarta w rozdziale 10 pr. aut. nie przesądza ani o charakterze interesów, ani o charakterze prawa do wizerunku.

W żadnym przypadku owa regulacja nie odsyła i nie nawiązuje do przepisów kodeksu cywilnego. Stwierdzenie, że występuje tu dobro osobiste zasądza się w tradycyjnym umocowaniu wizerunku, jako dobra niemajątkowego i na odwołaniu się do art.23 k.c. z tego powodu, że ujęte jest tam dobro tak samo nazwane[160].

## Rozdział IV

### 4.3. Bezprawność naruszenia

Na wstępie wskazać należy, że w myśl przepisu art. 24 k.c. ochrona przysługuje jedynie przez bezprawnym zagrożeniem lub naruszeniem dobra osobistego.

Przesłanka bezprawności działania ujmowana jest w prawie cywilnym dość szeroko. Przyjmuje się, że bezprawne jest każde działanie sprzeczne z normami prawnymi z porządkiem prawnym i zasadami współżycia społecznego.[161]

---

[159] Ibidem, s. 121
[160] Ibidem, s. 117
[161] S. Dmowski, S. Rudnicki, *Komentarz do Kodeksu cywilnego. Księga pierwsza cześć ogólna*, Wydawnictwo prawnicze, warszawa, 1990, s. 86

Wskazać należy, że polskie prawo cywilne nie daje podstawy do twierdzenia, iż automatycznie bezprawne jest każde naruszenie dóbr osobistych. Przepisy nie ustanawiają, bowiem żadnego ogólnego zakazu naruszania dóbr osobistych, a możliwość pociągnięcia sprawcy do odpowiedzialności uzależniają od klasyfikacji jego zachowania, jako bezprawnego. Tym samym prawna klasyfikacja pojęcia bezprawności, zyskując kluczowe znaczenie dla analizowanego zagadnienia, była przedmiotem wnikliwej analizy doktryny.[162]

Bezprawność działania (zachowania się) należy pojmować w sensie obiektywnym bez włączania w jego treść elementu subiektywnego winy.[163]

Ustawodawca posługuje się w przepisie art. 24 § 1 k.c. pojęciem bezprawności działania sprawcy w sensie obiektywnym. Oznacza to, iż samo przeświadczenie osoby, której wykazano naruszenie w publikacji dobra osobistego, że postawiony jej zarzut jest prawdziwy, nie powoduje odpadnięcia przesłanek do żądania przez pokrzywdzonego ochrony przewidzianej w tym przepisie.[164]

Jak już wspomniano, z uwagi na fakt, iż przymiot bezprawności ujmowany jest w kategoriach obiektywnych, bezprawne jest takie zachowanie, które jest sprzeczne z normami prawa lub zasadami współżycia społecznego, bez względu na winę, a nawet świadomość sprawcy. Efektem takiego szerokiego ujmowania bezprawności jest twierdzenie, iż działanie lub zaniechanie może być uznane za bezprawne, gdy jest ono sprzeczne z porządkiem prawnym. Tym samym każde naruszenie dobra osobistego powinno być zasadniczo uznane za bezprawne. Sprawca, bowiem narusza prawa podmiotowe innej osoby. Stwierdzenie to nie zostało jednak zaaprobowane przez doktrynę. Zarzucono mu przede wszystkim nieodróżnianie naruszenia dobra osobistego od naruszenia prawa podmiotowego osobistego.[165]

W doktrynie wskazuje się, bowiem, że tam gdzie pewne działania wobec dobra chronionego prawem podmiotowym traktowane są, jako dozwolone z punktu widzenia porządku prawnego, choćby doszło nawet do naruszenia takiego dobra, nie spowoduje to jednak naruszenia prawa podmiotowego. Prawa podmiotowe wyznaczane są przez porządek prawny i to nie tylko przez te reguły, które dotyczą sfery

[162] J. Balcarczyk, *Prawo...*, op. cit., s. 78

[163] K. Piasecki, *Komentarz*, Zakamycze 2003, System Informacji Prawnej LEX

[164] K. Piasecki, *Komentarz...*, op. cit.

[165] Ibidem

uprawnień osoby uprawnionej, ale także przez uprawnienia innych podmiotów, które to uprawnienia mogą spowodować "skurczenie" niejako sfery dozwolonego zachowania uprawnionego[166].

Podkreślono także, że ze względu na specyficznie uregulowany ciężar dowodu, sprowadzający się do wymogu, aby pokrzywdzony jedynie wykazał fakt naruszenia jego dobra osobistego, podczas gdy sprawca obowiązany jest, w celu egzoneracyjnym, udowodnić, iż jego działaniu nie można postawić zarzutu bezprawności, uwaga doktryny skupia się na ustaleniu okoliczności wyłączających bezprawność czy też - ujmując rzecz w terminologii karnistycznej - kontratypów naruszenia dóbr osobistych.[167]

Podnieść należy, bowiem że z art. 24 k.c. wynika domniemanie bezprawności, co w sposób korzystny dla pokrzywdzonego wpływa na rozłożenie ciężaru dowodu oraz ryzyka niewyjaśnieni okoliczności stanu faktycznego, od których bezprawność zależy.[168]

O bezprawności można jednak sensownie mówić, mając na względzie prawa podmiotowe a nie jedynie dobra osobiste. Należy, zatem rozróżnić naruszenie lub zagrożenie dóbr osobistych od naruszenia lub zagrożenia praw osobistych. W doktrynie prawa cywilnego wskazuje się, bowiem, że dopiero naruszenie lub zagrożenie praw osobistych uzasadnia zastosowanie środków ochronnych. Natomiast naruszenie lub zagrożenie dobra osobistego stanowi tylko przesłankę domniemania, że podmiotowe prawo osobiste zostało naruszone (zagrożone).[169]

W świetle wspomnianego przepisu art. 24 k.c., uznać należy, że nie każde zagrożenie lub naruszenie dobra osobistego uzasadnia jego ochronę. W razie wystąpienia okoliczności wyłączających bezprawność zagrożenia lub naruszenia dobra osobistego ochrona dobra nie przysługuje.[170]

W doktrynie przyjmuje się, że bezprawność uchyla zgoda uprawnionego, działanie na podstawie przepisu lub w wykonywaniu prawa podmiotowego oraz nadużycie prawa podmiotowego.[171]

---

[166] A. Cisek, *Dobra osobiste i ich niemajątkowa ochrona w kodeksie cywilnym*, Wrocław 1989, s. 71.
[167] J. Balcarczyk, *Prawo...*, op. cit., s. 79
[168] K. Pietrzykowski, Kodeks..., s.153
[169] Z Radwański, Prawo..., op.cit., s. 167
[170] M. Safjan, System Prawa..., op. cit., s. 1153
[171] Z Radwański, Prawo..., op.cit., s. 168-169

Jak wskazał Sąd Najwyższy w wyroku, „za bezprawne uważa się działanie naruszające dobro osobiste, jeżeli nie zachodzi żadna ze szczególnych okoliczności, usprawiedliwiających takie działanie; do okoliczności wyłączających bezprawność naruszenia dóbr osobistych na ogół zalicza się:

1) działanie w ramach porządku prawnego, tj. działanie dozwolone przez obowiązujące przepisy prawa,

2) wykazywanie prawa podmiotowego,

3) zgodę pokrzywdzonego, (ale z zastrzeżeniem uchylenia jej skuteczności w niektórych przypadkach),

4) działania w ochronie uzasadnionego interesu."[172]

Podnieść również należy, że Sąd Najwyższy w wyroku z dnia 6 lutego 1967 r., wyraził pogląd, że bezprawne jest publikowanie fotografii określonej osoby, bez jej zgody. Ponadto Sąd Najwyższy podkreślił, że dalsza publikacja nie wymaga zgody, o ile jednak zostanie wskazane pierwotne źródło tej fotografii, nie zostaną wprowadzone zmiany w publikowanym zdjęciu oraz zostaną powołane okoliczności, w jakich zdjęcie zostało wykonane i opublikowane po raz pierwszy.[173]

Należałoby również zgodzić się ze stanowiskiem Sądu Najwyższego, wyrażonym w wyroku z dnia 27 lutego 2003 r., sygn. akt IV CKN 1819/00, zgodnie, z którym naruszenie prawa do wizerunku osoby fizycznej, w świetle przepisu art. 23 k.c., następowałoby wówczas, gdyby opublikowana w prasie bez zgody tej osoby fotografia wykonana była w sposób umożliwiający identyfikację tej osoby. Dotyczy to również wizerunków częściowo zniekształconych np. przez zasłonięcie oczu. W takim przypadku może dojść do równoczesnego naruszenia czci. Dlatego trafnie przyjął Sąd Najwyższy w wyroku z dnia 24 stycznia 2008 r., sygn. akt I CSK 319/07, że: "Wskazanie w czasopiśmie osoby pozornie zamaskowanej, a w rzeczywistości rozpoznawalnej, może stygmatyzować ją oraz najbliższe jej osoby i powodować ostracyzm w kręgu społecznym, z którym pokrzywdzony wiąże swoje życie, aktywność społeczną oraz zawodową".[174]

[172] Wyrok Sądu Najwyższego z dnia 19 października 1989 r. sygn. akt II CR 419/89, LEX 8996
[173] S. Dmowski, S. Rudnicki, Komentarz..., op. cit., s. 86
[174] B. Giesen, W.J. Katner, P. Księżak, B. Lewaszkiewicz-Petrykowska, R. Majda, E. Michniewicz-Broda, T. Pajor, U. Promińska, M. Pyziak-Szafnicka, W. Robaczyński, M. Serwach, Z. Świderski, M. Wojewoda, *Kodeks cywilny. Część ogólna. Komentarz*, LEX, 2009

Jak wskazał Sąd Najwyższy w wyroku naruszenie prawa do wizerunku osoby fizycznej (art. 23 k.c.) następowałoby wówczas, gdyby opublikowana w prasie bez zgody tej osoby fotografia wykonana była w sposób umożliwiający identyfikację tej osoby[175].

Rozpoznawalność (możliwość identyfikacji osoby fizycznej) na opublikowanej w prasie fotografii musiałaby mieć charakter bardziej uniwersalny (powszechny). Po pierwsze, nie mogłaby się ograniczać tylko do wąskiego kręgu osób najbliższych i znajomych rozpoznanej osoby. Po drugie, źródłem takiego rozpoznania powinien być już sam sposób fotograficznego ujęcia, pozwalający na identyfikację ustalenie tożsamości tej osoby. W pozostałych wypadkach należałoby przyjmować brak możliwości rozpoznania (identyfikacji) osoby sfotografowanej. Personalna anonimowość opublikowanej w prasie fotografii osoby fizycznej, wyrażająca się w niemożności jej identyfikacji, oznaczałaby, zatem brak naruszenia dobra osobistego tejże osoby fizycznej w postaci jej wizerunku w rozumieniu przepisu art. 23 k.c. Brak podstaw do przyjęcia naruszenia dobra osobistego powoda w postaci jego wizerunku nie oznacza tego, że nie mogło dojść do naruszenia innego dobra osobistego skarżącego. Opublikowanie fotografii powoda w prasie i zaopatrzenie jej w zdecydowanie negatywne informacje, sugerujące działanie przestępcze powoda, może uzasadniać wniosek, że doszło do naruszenia dobra osobistego powoda w postaci jego czci (dobrego imienia) w rozumieniu art. 23 k.c[176].

Sylwetka jest elementem wyglądu osoby, tyle, że niewystarczającym do tego, aby mówić o wizerunku. Nie stanowi wizerunku element ubrania lub wyposażenia. Nie przeszkadza to jednak, aby elementy te łącznie wzięte, dla oznaczonego grona, mogły być wystarczające do zidentyfikowania osoby[177].

Podnieść należy również kwestię bezprawności samego utrwalania wizerunku. Przepisy, bowiem nie odnoszą się bezpośrednio do utrwalania wizerunku. Wskazać, zatem należy, że dobra osobiste chronione są prawami bezwzględnymi, które są skuteczne *erga omnes* (tj. wobec wszystkich), więc zasadą jest, że nikt nie może wkraczać w sferę danego prawa, o ile nie zachodzą okoliczności wyłączające

---

[175] Glosa częściowo aprobujaca: Bleszyński J. OSP 2004/6/75

[176] Wyrok Sądu Najwyższego z dnia 27 lutego 2003 r., sygn. akt. IV CKN 1819/00, OSP 2004, Nr 6, poz. 75, s. 320

[177] J. Bleszyński, Glosa do wyroku SN z dnia 27 lutego 2003 r., IV CKN 1819/00. OSP 2004/6/75 - t.1

bezprawność ingerencji. Tym samym, by doszło do naruszenia wizerunku nie jest potrzebny wyraźny sprzeciw, lecz wystarcza brak wyrażenia zgody. Inną sprawą jest, że zgoda ta może być dorozumiana ( np. brak reakcji na fotografowanie itp.). Oznacza to, że co do zasady utrwalanie wizerunku będzie bezprawne.[178]

[178] B. Giesen, *Kodeks...*, op. cit.

# ZAKOŃCZENIE

Cywilnoprawna ochrona prawa do wizerunku jest zagadnieniem o niebagatelnej doniosłości społecznej, w szczególności w tych obszarach życia, które związane są ze światem mediów oraz aktywnością artystyczną. Od strony jurydycznej przedstawiona tematyka jawi się jednak jako złożona i niejednolita, co wynika przede wszystkim z dualizmu regulacji prawnych przyjętych w tym zakresie. Sposobność poszukiwania ochrony prawnej zarówno na gruncie kodeksu cywilnego, jak i ustawy o prawie autorskim i prawach pokrewnych może niekiedy wywoływać wrażenie niejasności rozwiązań prawnych, stąd też zasadniczym celem pracy było wychwycenie różnic w ochronie prawa do wizerunku na gruncie obu przywołanych aktów normatywnych.

Punktem wyjścia do rozważań dotyczących ochrony prawa do wizerunku było przybliżenie zakresu znaczeniowego samego terminu wizerunku. Zdiagnozowanie pojęcia wizerunku było o tyle pożądane, iż w obecnych, jak i dotychczasowych regulacjach prawnych polski ustawodawca nie pokusił się definicje wypracowane przez przedstawicieli doktryny. Dokonując syntezy wielu i często odmiennych od siebie stanowisk, które zostały opublikowane w piśmiennictwie należałoby stwierdzić, iż kluczowymi elementami składowymi wizerunku są: obraz fizyczny, rozpoznawalność osoby oraz idące w ślad za tym wszystkie inne detale umożliwiające identyfikację określonej osoby. Spośród nich szczególną rolę odgrywa przymiot rozpoznawalności, od którego wystąpienia zależy przede wszystkim możliwość przyznania ochrony prawnej. Warto w tym względzie zaznaczyć, że element rozpoznawalności występuje nawet wtedy, gdy podstawą identyfikacji osoby jest szczegół, który stanowi pewien element charakterystyczny dla określonej osoby jak np. sposób poruszania się, blizna czy tatuaż. Co więcej, rozpoznawalność musi mieć charakter uniwersalny, a więc nie może ograniczać się do wąskiego kręgu osób bliskich i znajomych sportretowanego. Wypada ponadto pamiętać, że do pojęcia wizerunku wpisuje się, tzw. maska artystyczna, czyli kreacja sceniczna stworzona przez artystę dla oddania cudzej a nie własnej postaci.

Problematyka podjęta w niniejszej pracy wymusiła w dalszej kolejności przeprowadzenie oceny prawa do wizerunku pod kątem tego, jakim podmiotom prawo to przysługuje, jaki jest jego charakter oraz treść. W kontekście podmiotowym specyfika tego prawa wyraża się w tym, że przysługuje ono wyłącznie osobom fizycznym, co jest równoznaczne z wyłączeniem z tego zakresu osób prawnych oraz jednostek organizacyjnych nieposiadających osobowości prawnej, czyli tzw. ułomnych osób prawnych. Co do zasady należałoby przyjąć, iż prawo do wizerunku jest tożsame ze zdolnością prawną osoby fizycznej, a więc teoretycznie przysługuje ono już od momentu poczęcia aż do momentu śmierci. Z uwagi na możliwość rozpowszechnienia także wizerunku osoby zmarłej należy na gruncie prawa autorskiego jednak ostrożnie rozważyć ewentualność przyznania tego prawa także osobom zmarłym przez okres 20 lat po ich śmierci. Jeśli idzie o charakter prawa do wizerunku to w świetle zapisu art. 23 k.c. bezsprzecznie jest ono prawem osobistym, co jest wynikiem sklasyfikowania wizerunku, jako dobra osobistego. Sytuacja nie jest już tak oczywista na gruncie prawa autorskiego, gdzie w szczególności względy obrotu gospodarczego mogą zdaniem niektórych przemawiać autorów za nadaniem prawu do wizerunku cech właściwych dla praw majątkowych. Pomimo takich głosów należy się opowiedzieć za osobistym charakterem prawa do wizerunku mając na uwadze chociażby to, że prawo osobiste może stać się przedmiotem umowy i tym samym źródłem dochodu. Z kolei treść prawa do wizerunku sprowadza się zapewnienia ochrony przed wkroczeniem w sferę intymności i spokoju psychicznego osoby portretowanej.

Istota rozpowszechniania wiąże się z możliwością zapoznania się z wizerunkiem określonej osoby przez nieokreślony krąg osób. Nie ma w tym wypadku znaczenia miejsce udostępnienia wizerunku, ważnym natomiast jest rozpowszechnienie miało charakter publiczny. Wyłączność decydowania o publicznym udostępnieniu swojego wizerunku znajduje ujście w konieczności uzyskania zgody osoby, przy czym pożądanym byłoby, aby zezwolenie to określało zakres i formę rozpowszechnienia. O ile w świetle prawa autorskiego, co do zasady każde rozpowszechnienie wizerunku bez zezwolenia narusza interes osobisty i majątkowy o tyle brak zgody na płaszczyźnie art. 23 k.c. uzasadnia ochronę prawną tylko wtedy, gdy bezprawnie został naruszony interes osobisty osoby sportretowanej. Taki stan rzeczy wynika z tego, iż ochrona wizerunku w ujęciu kodeksowym podyktowana jest zagwarantowaniem takich wartości jak poczucie prywatności, spokoju psychicznego czy intymności, natomiast względy ekonomiczne schodzą na dalszy plan. To pokazuje, że jakkolwiek obie regulacje są podobne, to mimo wszystko są to odrębne konstrukcje prawne mające za zadanie realizację odmiennych celów. Niezależnie od powyższego nadmienić trzeba, że przepisy prawa autorskiego dopuszczają możliwość rozpowszechniania wizerunku bez potrzeby uzyskania zgody osoby, której wizerunek został utrwalony. Chodzić tu będzie tu o wizerunek osoby stanowiącej jedynie szczegół w całości takiej jak krajobraz, zgromadzenie czy impreza publiczna. Drugim z wyjątków w tym zakresie jest wizerunek osoby publicznie znanej.

Odmienność rozwiązań prawnych przyjętych w kodeksie cywilnym i w prawie autorskim ujawnia się także w przesłankach warunkujących możliwość zapewnienia ochrony prawnej w sytuacji, gdy prawo do wizerunku zostało naruszone. Jeśli wziąć pod uwagę zapisy kodeksu cywilnego to uprawniony zobligowany jest wykazać, że dobro osobiste, jakim jest wizerunek zostało naruszone bądź jest zagrożone. Podstawowym kryterium poszukiwania ochrony prawnej jest bezprawność zachowania sprawcy rozumiana, jako działanie wbrew obowiązującym normom prawnym czy zasadom współżycia społecznego. Kwestia winy pozostaje tutaj bez znaczenia. Zauważyć można, że w tym wypadku obowiązuje domniemanie bezprawności, co oznacza, że to pozwany musi udowodnić, iż jego zachowanie nie było bezprawne (np. istniała zgoda na rozpowszechnienie wizerunku czy doszło do nadużycia prawa podmiotowego). Z kolei na gruncie prawa autorskiego rolą uprawnionego jest wykazanie, że wizerunek jego został rozpowszechniony bez jego zgody. Pozwany natomiast chcąc zakwestionować zasadność powództwa musiałby legitymować się taką zgodą bądź zezwoleniem na rozpowszechnienie wizerunku bez zgody uprawnionego. Analizując rodzaj i zakres roszczeń wypływających z obu regulacji stwierdzić trzeba, że jest on zasadniczo tożsamy. Jeżeli prawo do wizerunku zostało jedynie zagrożone to na płaszczyźnie obu aktów istnieje możliwość żądania zaniechania działania zagrażającemu prawo do wizerunku. Podobnie rzecz ma się, gdy prawo do wizerunku zostało już naruszone. W tej sytuacji uprawniony może żądać dopełnienia czynności potrzebnych do usunięcia skutków tego naruszenia, a więc przykładowo dokonania przeprosin, opublikowania sprostowania, usunięcia lub wycofania materiałów zawierających rozpowszechniony wizerunek. W obu wypadkach ustawodawca przyznał uprawnionemu ponadto ewentualność domagania się zadośćuczynienia za doznaną krzywdę a także zobowiązania sprawcy do zapłaty odpowiedniej sumy na wskazany przez sportretowanego cel społeczny. Podkreślenia jednak wymaga, iż żądanie zapłaty zadośćuczynienia czy stosownej sumy na cel społeczny w świetle prawa autorskiego musi być konsekwencją zawinionego zachowania sprawcy. Jest to, zatem następna różnica względem zapisów kodeksowych. Warto także nadmienić, iż jeżeli rozpowszechnienie wizerunku doprowadziło do powstania szkody majątkowej jej naprawienia można domagać się na zasadzie odpowiedzialności deliktowej. W doktrynie przyjmuje się także możliwość zwrotu uzyskanych korzyści na podstawie przepisów o bezpodstawnych wzbogaceniu o ile sprawca takie korzyści osiągnął w związku z rozpowszechnieniem wizerunku.

**Bibliografia**


1. Balcarczyk J., Prawo do wizerunku i jego komercjalizacja, Oficyna 2009, System Informacji Prawnej LEX
2. Barta J., Markiewicz R.; Prawo autorskie, Przepisy, orzecznictwo, umowy międzynarodowe, Warszawa, 2002
3. Barta J., Markiewicz R. w: J. Barta, M. Czajkowska-Dąbrowska, Z. Ćwiąkalski, R. Markiewicz, E. Trapale: Komentarz do ustawy o prawie autorskim i prawach pokrewnych, Kraków, 2005
4. Barta J., R. Makarewicz, A. Matlak, Prawo mediów, Warszawa 2008
5. Barta J., Komentarz, ustawa o prawie autorskim i prawach pokrewnych, Dom Wydawniczy ABC 2001
6. Barta J., System Prawa Prywatnego, Tom 13, Prawo autorskie, CH Beck Warszawa 2003
7. Barta J., Markiewicz R.: Wokół prawa do wizerunku, ZN UJ, PWiOWI Kraków 2002, z. 80
8. Barta J., R. Makarewicz, Media a dobra osobiste, Warszawa 2008
9. Błeszyński J.: Prawo autorskie, Warszawa 1988
10. Braciak J., Prawo do prywatności, Warszawa 2004
11. Cisek A.: Dobra osobiste i ich niemajątkowa ochrona w kodeksie cywilnym, Wrocław 1989
12. Dmowski S., Rudnicki S., Komentarz do Kodeksu cywilnego. Księga pierwsza cześć ogólna, Wydawnictwo prawnicze, Warszawa, 1990
13. Ferenc-Szydełko E., Wizerunek dziecka, jako dobro prawnie chronione. Wybrane zagadnienia, Księga Jubileuszowa prof. dr hab. Tadeusza Smyczyńskiego, Toruń 2008
14. Giesen B., Katner W.J., Księżak P., Lewaszkiewicz-Petrykowska B., Majda R., Michniewicz-Broda E., Pajor T., Promińska U., Pyziak-Szafnicka M., Robaczyński W., Serwach M., Świderski Z., Wojewoda M., *Kodeks cywilny. Część ogólna. Komentarz*, LEX, 2009

15. Grzeszak T.: Prawo do wizerunku i prawo adresata korespondencji, System prawa prywatnego T. 13 Red. J. Barta. Warszawa 2007 (wyd. 2)
16. Grzeszak T., Reklama a ochrona dóbr osobistych, Przegląd Prawa Handlowego, Luty 2000
17. Grzybowski S.: Ochrona dóbr osobistych według przepisów ogólnych prawa cywilnego. Warszawa, 1957.
18. Grzybowski S., System Prawa Cywilnego, Tom I, część ogólna, OSSOLINEUM, 1985r
19. Kordasiewicz B.: Cywilnoprawna ochrona prawa do prywatności „Kwartalnik Praw Prywatnego" 2000, nr 1
20. Książek P., Komentarz do art. 24 kodeksu cywilnego, System Informacji prawnej LEX
21. Matlak A., Cywilnoprawna ochrona wizerunku, Kwartalnik Prawa Prywatnego 2004/2/317, System Informacji Prawnej LEX
22. Piasecki K., Komentarz, Zakamycze 2003, System Informacji Prawnej LEX
23. Pietrzykowski K., Kodeks cywilny, Tom 1, Komentarz do art. 1-$449^{11}$ CH Beck, Warszawa, 2008
24. Radwański Z.: Prawo cywilne – część ogólna. Warszawa 1997
25. Radwański Z., Prawo cywilne – część ogólna, CH Beck, Warszawa 2004
26. Ritterman S.: Komentarz do ustawy o prawie autorskim, Kraków 1937
27. Sadomski J., Konflikt zasad – ochrona dóbr osobistych, Warszawa 2008
28. Safjan M., System Prawa Prywatnego, Tom 1, Prawo cywilne część ogólna, CH Beck Warszawa 2007
29. Sieńczyło-Chlabicz J.: Naruszenie prywatności osób publicznych przez prasę. Analiza cywilnoprawna, Kraków 2006
30. Sieńczyło-Chlabicz J.: Rozpowszechnianie wizerunku na gruncie ustawy o prawie autorskim i prawach pokrewnych. „Radca Prawny" 2001, nr 2
31. Sobczak J. Prawo autorskie i prawa pokrewne, Warszawa-Poznań 2000.
32. Sokołowski T., Komentarz do art. 24 kodeksu cywilnego, System Informacji Prawnej LEX
33. Stefaniuk R., Naruszenie prawa do wizerunku przez rozpowszechnienie podobizny, PiP 1970

34. Szpunar A.: Ochrona dóbr osobistych, Warszawa 1979
35. Ślęzak P.: Ochrona prawa do wizerunku, Katowice 2009

**Orzeczenia sądowe**

1. Wyrok Sądu Najwyższego z dnia 27 lutego 2003 r., sygn. akt. IV CKN 1819/00, OSP 2004, Nr 6, poz. 75, s. 320
2. Wyrok Sądu Najwyższego z dnia 26 listopada 2003 sygn. akt. VI ACa 348/03, niepubl.
3. Wyrok Sądu Najwyższego z dnia 27 kwietnia 1977 r., sygn. akt I CR 127/77, Prawo autorskie w orzecznictwie, pod red. T. Grzeszak, CD-ROM 1998
4. Wyroku Sądu Najwyższego z dnia 14 stycznia 1997 r., sygn. akt I CKN 52/96 OSNC z 1997 r. nr 6-7, poz. 78
5. Wyrok Sądu Najwyższego z dnia 3 września 1998 r., sygn. akt. I CKN 818/97, OSNC 1999/1/21
6. Wyrok Sądu Apelacyjnego w Krakowie z dnia 19 grudnia 2001 r., sygn. akt. I ACa 957/01 TPP 2002/3/107
7. Wyrok Sądu Apelacyjnego w Warszawie z dnia 13 stycznia 1999 r., sygn. akt. I ACa 1089/98 Wokanda 2000/3/42
8. Wyrok Sądu Apelacyjnego w Łodzi z dnia 28 sierpnia 1996 r. sygn. akt I ACr 341/96, OSA 1997/7-8/43, OSAŁ 1996/4/77
9. Wyrok Sądu Najwyższego z dnia 2 lutego 1967 r., sygn. akt. I CR 496/66, OSN 1967, Nr 9, poz. 161.
10. Wyrok Sądu Apelacyjnego w Krakowie z dnia 11 kwietnia 2001 r, sygn. akt. I ACa 244/01 TPP 2002, Nr 3
11. Wyrok Sądu Najwyższy z dnia 20 lipca 2007 r., sygn. akt. I CSK 134/07, LEX nr 485999
12. Wyrok Sądu Najwyższego - Izba Cywilna z dnia 12 lipca 1968 r., I CR 252/68 OSNC 1970/1/18
13. Wyrok Sądu Najwyższego z dnia 9 lipca 1971 r., sygn. akt II CR 220/71, OSNC 1972/1/19
14. Wyrok Sądu Najwyższego z dnia 19 października 1989 r. sygn. akt II CR 419/89, LEX 8996

15. Wyrok Sądu Najwyższego z dnia 27 lutego 2003 r., sygn. akt IV CKN 1819/00 OSP 2004/6/75
16. Wyrok Sądu Najwyższego z dnia 12 lutego 1998 r., sygn. akt I ACa 1044/97

**Glosy**

1. J. Błeszyński, Glosa do wyroku SN z dnia 27 lutego 2003 r., IV CKN 1819/00, OSP z 2004, z. 6. poz. 75, s. 321
2. T. Grzeszak, Glosa do wyroku Sądu Apelacyjnego w Łodzi z dnia 28 sierpnia 1996 r., I ACr 341/96, Mon. Praw. Z 1997 r., Nr 8, poz. 318.
3. Glosa aprobująca: Kurosz K. Rejent 2002/1/99
4. T. Grzeszak, Glosa do wyr. SA w Łodzi z 28.8.1996 r., I ACr 341/96, MoP 1997, Nr 8, s. 318
5. Glosa częściowo aprobująca: Bleszyński J. OSP 2004/6/75
6. J. Bleszyński, Glosa do wyroku SN z dnia 27 lutego 2003 r., IV CKN 1819/00. OSP 2004/6/75 - t. 1

FSC
www.fsc.org
MIX
Papier | Fördert
gute Waldnutzung
FSC® C083411

Kolibri 360 GmbH
Ferdinand-Jühlke-Straße 7
99095 Erfurt, Deutschland
produktsicherheit@kolibri360.de

Druck:
CPI Druckdienstleistungen GmbH
im Auftrag der
Kolibri 360 GmbH
Ferdinand-Jühlke-Str. 7
99095 Erfurt